Emil Münsterberg

Zentralstellen für Armenpflege und Wohltätigkeit

Emil Münsterberg

Zentralstellen für Armenpflege und Wohltätigkeit

ISBN/EAN: 9783744644228

Hergestellt in Europa, USA, Kanada, Australien, Japan

Cover: Foto ©Suzi / pixelio.de

Weitere Bücher finden Sie auf **www.hansebooks.com**

Zentralstellen

für

Armenpflege und Wohlthätigkeit.

Von

Dr. E. Münsterberg.

Jena.
Verlag von Gustav Fischer.
1897.

Inhaltsverzeichnis.

	Seite
Vorbemerkung	1
I. Grundlegung	3
Verbindung zersplitterter Vereinsthätigkeit. — Gutachten von Gräber, v. Massow, Fuchs. — Der Verband der deutschen Schutzvereine für entlassene Strafgefangene	3
Gutachten von Brandts. — Charitasverband für das kathol. Deutschland. — Der Landesverband für Wohlthätigkeit in Steiermark	7
II. Zentralvereinigungen für das Gebiet einzelner Staaten und Länder	10
a. Der deutsche Verein für Armenpflege und Wohlthätigkeit	11
b. Der Zentralausschuß für die Innere Mission	12
c. Die Verbände der Vereine unter dem Roten Kreuz	13
Der Vaterländische Frauenverein	13
d. Zentralverein zur Fürsorge für die wandernde Bevölkerung	15
Der deutsche Herbergsverein	16
Der Gesamtverband deutscher Verpflegungsstationen	18
Der Zentralvorstand deutscher Arbeiterkolonien	19
e. Zentralstelle der Vereinigungen für Sommerpflege	19
f. Die württembergische Zentralleitung des Wohlthätigkeitsvereins	21
g. Die amerikanische National conference of Charities and Correction	23
h. Die schweizerische gemeinnützige Gesellschaft	24
III. Internationale Zentralvereine und Kongresse für Fürsorgethätigkeit.	
Congrès international de bienfaisance	25
International congress of charities	26
Congrès international de la Protection de l'enfance	27
Société internationale pour l'étude des questions d'assistance	28
Congrès international pour l'étude des questions relatives au patronage des condamnés etc.	29
IV. Oertliche Zentralstellen.	
Einleitende Bemerkung	30
a. Auskunft über bedürftige Personen, Auskunftstellen in verschiedenen Städten, insbesondere Hamburg und Dresden	31
Gedruckte Verzeichnisse unterstützter Personen	35
Die Vereinigung der Wohlfahrtsbestrebungen in Berlin	36
Die Verbände jüdischer Wohlthätigkeitsvereine in Berlin und Hamburg	36

		Seite
b. Oertliche Zentralvereine		37
Die Vereine gegen Verarmung		37
Die Auskunftsstelle der Gesellschaft für ethische Kultur in Berlin		38
Die Armendiakonie in Leipzig		38
c. Auskunft über Wohlthätigkeitseinrichtungen		38
Gedruckte Verzeichnisse		39
Speziell: Breslau, Hamburg, Bremen, Posen, Berlin		39
Englische und amerikanische Directories and Digests		41
d. Oertliche Zentralstellen im weiteren Sinne		41
Konferenzen. — Speziell Dresden und Posen		42
Die Stettiner Vereinsarmenpflege		43
e. Gemeinnützige Vereine		44
Speziell: Die Gesellschaft freiwilliger Armenfreunde in Kiel		44
f. Ausländische örtliche Zentralvereine		46
Die Londoner charity organisation society		46
Das Office central des institutions charitables. — Manuel des oeuvres		47
Congrès national d'assistance		48
g. Gebäude für die Bureau der Privatwohlthätigkeit		48
Charity buildings		49

V. Zentralstellen für Arbeiterwohlfahrt

Der Zentralverein für das Wohl der arbeitenden Klassen 50
Die Zentralstelle für Arbeiter-Wohlfahrtseinrichtungen 54

VI. Weitere Entwicklung.

Notwendigkeit der Schaffung bezw. Erweiterung örtlicher Zentralstellen. . . 60
Erörterung der Bedeutung einer allgemeinen deutschen Zentralstelle für
    Armenpflege und Wohlthätigkeit 60
Sammlung des Materials 61
Auskunftserteilung 61
Handbuch der Wohlthätigkeit 62
Fachzeitschrift 63
Einwirkung auf planmäßige Uebung von Armenpflege und Wohlthätigkeit. . 65

Vorbemerkung.

Dem Streben nach Zentralisation auf den verschiedensten Gebieten des Wissens, der öffentlichen und gemeinnützigen Thätigkeit liegt in unseren Tagen wohl nicht allein die alte Erkenntnis zu Grunde, daß Einigkeit stark macht, sondern mehr noch die Einsicht in die Notwendigkeit weitgehender Arbeitsteilung. Mehr und mehr wird es dem Einzelnen unmöglich, mehrere Wissensgebiete zu übersehen, die Litteratur und die Berichte über die praktische Arbeit in jedem Zweige zu verfolgen. Das Bedürfnis, an einer Stelle das Wissenswerte zu sammeln, es durch sachmännisch geschulte Kräfte verarbeiten zu lassen und es allen denen zugänglich zu machen, die aus diesem Gebiet etwas zu erfahren wünschen, tritt geradezu zwingend hervor. Vielfach erweitern sich solche Sammelstellen zu Aemtern, die zu selbständiger Forschung und Weiterbildung des betreffenden Wissensgebietes übergehen; vielfach werden sie ergänzt durch dauernde oder vorübergehende Ausstellungen, durch Museen, durch Zeitschriften, regelmäßige Veröffentlichungen u. dergl. m. Teils bilden sich solche Sammelstellen auf amtlichen Anlaß, teils aus gemeinnützigem Antrieb; zuweilen sind es Vereinigungen bestimmter Art, die eine ständige Organisation sich zur Seite zu sehen wünschen, zuweilen schließt sich an die Zentralstelle eine Vereinigung an. Teils dienen diese Veranstaltungen praktischen, teils theoretischen Zwecken, vielfach auch beiden zugleich.

Die vorliegende kleine Schrift enthält eine gedrängte, aber tunlichst vollständige Darstellung der verschiedenen Bestrebungen, die auf dem Gebiete der Armenpflege und Wohlthätigkeit dem Bedürfniß nach Zentralisation genügen wollen. In dem Schlußabschnitt wird die Frage erörtert, inwieweit ein solches Bedürfnis anzuerkennen ist, in welchem Umfange und mit welchen Mittel es befriedigt werden kann.

I.
Grundlegung.

Die Frage, ob die Begründung einer allgemeinen Zentralstelle für Armenpflege und Wohlthätigkeit auch für Deutschland geboten sei, wird zur Zeit vielfach erörtert. Unter den Mitgliedern der verschiedenen Zentralvereine für Fürsorgebestrebungen in Deutschland wird sie überwiegend noch in privater Form in vertraulichen Besprechungen behandelt; hier und da sind in Tagesblättern und Fachzeitschriften kleinere den Gegenstand behandelnde oder wenigstens streifende Aufsätze erschienen. Es handelt sich hierbei namentlich um zwei Punkte: einmal darum, ob einem der bereits bestehenden Zentralvereine — von denen zu II ausführlicher zu handeln ist — wie etwa dem deutschen Verein für Armenpflege und Wohlthätigkeit durch Begründung einer Zentralstelle ein ständiges Organ beigegeben werden solle, das in ständiger Arbeit die zusammenfassende auf den Jahresversammlungen des Vereins zu erledigende Arbeit ergänzt und vorbereitet, und zweitens darum, ob eine solche Stelle über den Rahmen des einen Zentralvereins hinaus als Organ aller den Fürsorgebestrebungen dienenden Vereinigungen und Anstalten, wie der Verbände für Naturalverpflegungsstationen und Arbeiterkolonien, Fürsorge für entlassene Strafgefangene, Ferienkolonien, Kinderhorte, Innere Mission u. s. w. eingerichtet werden und damit eine erwünschte ständige Verbindung zwischen den verschiedenen Fürsorgebestrebungen hergestellt werden soll.

In den Verhandlungen der ersten Versammlung von Vertretern deutscher Schutzvereine für entlassene Gefangene und von Vereinen mit verwandten Bestrebungen ist man ausführlicher gerade auf den zweiten Punkt eingegangen[1]. Es war die Grundfrage gestellt und durch drei Gutachten vor-

---

[1] Verhandlungen der ersten Versammlung von Vertretern deutscher Schutzvereine für entlassene Strafgefangene. — Sonderausgabe. Karlsruhe. Gutsch. 1890. S. 109 ff.

bereitet worden: Ist es empfehlenswert und durchführbar, der Zersplitterung des Vereinslebens gegenüber, eine engere Verbindung unter den verschiedenen verwandten Bestrebungen der Verbrechens=prophylaxe (Schutzwesen, Zwangserziehung, Arbeiterkolonien, Naturalverpflegungsstationen, Herbergen zur Heimat, Volksküchen, Anstalten für Arbeitsnachweis, Vereine gegen Trunksucht u. s. w.) herzustellen, namentlich in kleineren Orten? Der erste Berichterstatter, Pastor Gräber, erkennt die Zersplitterung des Vereinslebens an und konstatiert die allen Vorsitzenden von Vereinen genugsam bekannte Thatsache, daß zwar viele Mitglieder, aber wenig Arbeiter vorhanden und diese wenigen überlastet seien. Der Gedanke, angesichts dieses Umstandes die Arbeit zu centralisieren, läge zwar nahe, sei aber doch weder durchführbar noch empfehlenswert. Die zahlreichen Bestrebungen zur Linderung der Not seien nicht zur gleichen Zeit entstanden, sondern eine nach der anderen dem sie veranlassenden Notstande entsprungen; ihre Kräfte haben sich bewährt einem bestimmten Notstande gegenüber, dessen Vorhandensein die Gründer und Leiter des Vereins erkannt hätten, dessen Linderung und Abhilfe gerade ihnen ein Bedürfnis erschienen wäre. Diese hätten sich dann für die Sache interessiert, gearbeitet, und zwar sehr individuell gearbeitet, während ein Gesamtvorstand sich kaum der Schablone auf die Dauer entzogen hätte. Solch ein Gesamtvorstand müßte denn doch wieder Unterabteilungen, Kommissionen u. dgl. einsetzen, was schließlich zu dem gleichen Effekt der Zersplitterung führen würde. Trotzdem sei es aber durchaus wünschenswert, allgemeine Grundsätze für das Vereinsleben zu finden, zu denen auch gehören müßte, daß kein neuer Verein gegründet werde, wenn ein schon vorhandener Verein die fragliche Angelegenheit übernehmen kann und will. Gräber empfiehlt daher die Aufstellung einiger Leitsätze folgenden Inhalts:

1. Es soll thunlichst persönliche Fühlung zwischen den gegenseitigen Vorständen dadurch erhalten werden, daß stets ein oder zwei Mitglieder eines Vorstandes zugleich auch noch dem Vorstande eines weiteren der verwandten Vereine angehören.

2. Gemeinsame Angelegenheiten sollen gemeinsam beraten werden, sei es in besonderen Vorstandssitzungen oder in regelmäßigen Konferenzen.

3. Die von den einzelnen Vereinen geschaffenen Einrichtungen sollen möglichst allgemein oder doch zwischen Verein und Verein wechselseitig unter Wahrung berechtigter Sonderinteressen benutzt werden.

Der Korreferent v. Massow[1]) erklärt sich, wenn er auch die Gefahren einer Verschmelzung weniger hoch anschlägt, mit diesen Leitsätzen im Wesent=

---

1) a. a. O., S. 126 ff.

lichen einverstanden und betont namentlich die Wichtigkeit des Zusammenarbeitens und der Benutzung gemeinschaftlicher Einrichtungen, wofür er als wesentliches Beispiel den Arbeitsnachweis bezeichnet. Auch befürwortet er Zusammenkünfte von Delegierten, die wirkliche Sachverständige seien statt großer Massenversammlungen. Der Vorsitzende Fuchs[1]), der sich zu diesen Gutachten auch seinerseits im Vorwege äußert, legt mit besonderer Beziehung auf die Frage das Wanderwesen dar, wie viel verschiedener Mittel und Kräfte es für Erreichung des Zweckes bedürfte, wie Fürsorge für Arbeit, Kost, Beherbergung u. s. w. Nur wenige Vereine seien vorhanden, denen alle diese Mittel zur Verfügung ständen. Daher sei eine Verbindung mit verwandten Bestrebungen notwendig. Daraus ergebe sich dann von selbst das Bedürfnis engeren Anschlusses, ja unter Umständen der Vereinigung. Er meinte dann, die Anregung zu solcher Verständigung könnte wohl von dem Schutzverbande ausgehen. Doch hätten einer solchen Kundgebung Verständigungen zunächst zwischen den Zentralvorständen der verschiedenen Vereinsverbände vorherzugehen; aber auch enge Fühlung mit den Organen von Staat, Gemeinde und Kirche sei erforderlich. Die Versammlung nahm dann entsprechend formulierte Leitsätze an.

Weiter noch als in seinem Gutachten geht der Vorsitzende des Zentralvorstandes deutscher Arbeiterkolonien, v. Massow, in einem privatim verbreiteten Gutachten vom 11. Januar 1897, dessen Benutzung an dieser Stelle er mir freundlichst gestattet hat[2]). Im Anschluß an die Bestrebungen des Antwerpener Kongresses, (vgl. unten zu IV) dessen Aktionskomite er für Deutschland angehört, legt er dar, wie wünschenswert es sei, zwischen den Fürsorgebestrebungen der einzelnen Länder ein Bindeglied zu schaffen. Massow führt sodann aus, wie die vielen offiziellen und privaten Veranstaltungen durcheinander laufen und sich durchkreuzen, so daß eine Uebersicht gänzlich fehle. Soweit gewisse Zweige der Fürsorge ein Zentrum gefunden hätten, fehle diesem Zentrum doch wieder die Verbindung mit anderen Zentren, die nicht die gleichen, aber doch verwandte Fürsorgebestrebungen umfaßten. Ihm schwebt daher als zunächst zu erstrebendes Ziel vor die Herstellung einer Verbindung zwischen den verschiedenen Zentren, die er sich so denken möchte, daß zunächst die Vorsitzenden und Geschäftsführer oder sonstige hervorragend thätige Mitglieder der großen Zentralvereine miteinander in regelmäßigen Konferenzen in Verbindung treten, also verhältnißmäßig wenige, aber besonders tüchtige, mit den Bestrebungen auf dem Sondergebiet durchaus ver-

---

1) a. a. O., S. 133 ff.
2) Ganz ähnlich sprach sich v. M. auch in der Sitzung des Zentralvorstandes deutscher Arbeiterkolonien aus. Vgl. Protokoll der 11. Sitzung vom 6. März 1895 S. 9.

traute Personen. Gegenstand solcher Konferenzen müßte das gesamte Deutschland mit seinen Fürsorgebestrebungen auf allen Gebieten sein, wodurch auch dem Charakter der Zufälligkeit, den so viele der Vereinsbestrebungen trügen, wirksam entgegengetreten werden könnte. Auch müßten die Leiter und Vorstandsmitglieder des einen Vereins an den Generalversammlungen und Kongressen anderer Vereine teilnehmen. Endlich bedürfe die Art und Weise, wie diese Kongresse abgehalten werden, einer Reform, da auf der einen Seite meist zu viele Gegenstände auf einmal verhandelt würden, sodaß keinem eine rechte und volle Ausführlichkeit zu teil würde, andererseits die Versammlungen meist ohne Rücksicht auf andere gelegt würden, so daß die Teilnahme thatsächlich vielfach unmöglich würde. So würde eine Verständigung über Zeit und Ort der verschiedenen Versammlungen einen wichtigen Gegenstand der Konferenzen bilden. Endlich betont Massow die Wichtigkeit der Herstellung von Uebersichten über das gesamte Vereinsleben, die Sammlung des einschlägigen Materials, einer guten Bibliographie, auch die Kenntnißnahme der Fürsorgebestrebungen im Auslande und ihre praktische Verwertung, wie andererseits Einrichtungen, die sich in Deutschland erprobt haben, dem Auslande mitzuteilen sein würden. M. redet daher der Begründung einer Zentralstelle für Armenpflege und Wohlthätigkeit durchaus das Wort.

Diese Anregungen sind nicht ohne praktischen Erfolg geblieben. Ist es auch nicht zu einer Zentralstelle für alle Fürsorgebestrebungen gekommen, so ist doch die Gründung der deutschen Schutzvereine für entlassene Gefangene[1]) gelungen, der unbeschadet der Selbständigkeit der Verbandsmitglieder die Förderung der gemeinsamen Interessen bezweckt; unter diesen gemeinsamen Interessen werden in den Satzungen hervorgehoben: die Verständigung über die Grundsätze, nach denen Gefangenenfürsorge im allgemeinen gehandhabt werden soll, die Vermittlung des Verkehrs mit Vereinen, die ähnliche Ziele verfolgen, die Herausgabe einer Verbandszeitschrift, außerdem aber auch die Uebereinkunft der Verbandsvereine über die Gewährung von Schutz und Hülfe im Einzelfalle.

Die Mitgliedschaft ist zunächst nur auf deutsche Schutzverbände beschränkt. Im übrigen ist die Fürsorge für entlassene Gefangene im Einzel-

---

[1]) Vgl. Fuchs, Die Vereinsfürsorge zum Schutz für entlassene Gefangene in ihrer geschichtlichen Entwickelung während der letzten hundert Jahre. Heidelberg. Weiß. 1888.

Derselbe. Ueber die Bedeutung der Schutzvereine u. s. w. in Ztschr. der J. St. f. Arb. Wohlf. 1995, No. 4. — Mitteilungen über den Verlauf der ersten Versammlung des Verbandes deutscher Schutzvereine s. e. G. in Braunschweig. Karlsruhe. Gutsch. 1894. — Desgl. der Versammlung zu Eisenach 1896. Auch die Berichte der Landesverbände, namentlich der Zentralleitung für Baden.

falle Sache derjenigen Verbände oder Vereine, deren Hülfe nachgesucht wird. Dem Verband gehören eine große Zahl von Veranstaltungen aller deutschen Staaten an, im ganzen ungefähr 500 Vereine und Verbände. Darunter befinden sich wieder solche, die ihrerseits, namentlich wie bei der Innern Mission und den Frauenvereinen, den einzelnen Landesvereinen gegenüber eine Zentralstelle bilden, so namentlich die Zentralleitung der badischen Schutzvereine, der Zentralausschuß des württembergischen Vereins, mehrere preußische Provinzialvereine, bayerische Kreisvereine, die hessische Zentralbehörde des Vereins zur Besserung und Unterstützung der aus den Strafanstalten Entlassenen u. s. w.

In ganz ähnlicher Weise, wie die erwähnten Gutachten von Gröber und Massow äußert sich auch Landesrat Brandts[1]) in der kürzlich veröffentlichten Darstellung katholischer Wohlthätigkeitsanstalten und Vereine in der Erzdiözese Köln, die insofern noch ein erhöhtes Interesse hat, als mit ihr die kürzlich erfolgte Begründung des katholischen Charitasverbandes zeitlich zusammenfällt, die eben diese theoretischen Ausführungen praktisch zu verwirklichen sucht, worauf ich sogleich zurückkomme. Auch Brandts betont die Notwendigkeit der Publizität der wohlthätigen Einrichtungen und ihrer organischen Verbindung untereinander. Die Veröffentlichung würde schon im Interesse einer vermehrten und geordneten Benutzung der verschiedenen Anstalten liegen. Gerade dieser Umstand hat auch zur Abfassung seines Werkes geführt. Die Notwendigkeit einer Zentralstelle begründet er in ganz ähnlicher Weise, wie v. Massow, indem er die Zersplitterung und den Mangel an wechselseitiger Fühlung beklagt. Solche Centralstelle würde der Mittelpunkt und die Erfahrung der katholischen Wohlthätigkeit werden, mit Rat und That helfen können. „Wie würde — so bemerkt er — die Zentralstelle den einzelnen Anstalten, z. B. den Waisen- und Krankenhäusern, nützlich werden durch Mitteilung neuerer Erfahrungen, durch Auskunftserteilung z. B. über bauliche Einrichtungen, über neuere gesetzliche Bestimmungen, über ihr Verhältnis zur öffentlichen Armenverwaltung, durch Mitteilung gleichartiger Bestrebungen von staatlicher, evangelischer und humanitärer Seite. Auch würde eine Zentralstelle die Anmeldung von Vakanzen in den einzelnen Anstalten entgegennehmen können, um der Ueberfüllung hier, dem Mangel an Insassen dort entgegenzuwirken. Wichtiger noch wäre es, wenn die Zentralstelle sich eine genaue Kenntnis über das Bedürfnis an Wohlthätigkeitseinrichtungen verschaffte und Neugründungen, die voraus-

---

[1]) Brandts. Die kathol. Welt. Anstalten und Vereine, sowie das kath. soziale Vereinswesen, insbesondere in der Erzdiözese Köln. Köln. Bachem. 1895. Einleitung. S. 1 ff.

sichtlich über das Bedürfnis hinausgehen, verhinderte, wenn sie darauf hinwirkte, daß die Wohlthätigkeitsanstalten nicht zu sehr lokalisiert und zersplittert, daß vielmehr für große Zwecke große Mittel konzentriert würden. Die Zentralstelle würde Vorsteher gleichartiger Anstalten und Vereine zu Konferenzen zusammenrufen, den mündlichen Austausch von Gedanken und Erfahrungen veranlassen; aus Konferenzen dieser Art würde sich von selbst der Besuch der verschiedenen Anstalten und Vereine durch die Zentralstelle entwickeln. Eine Hauptthätigkeit der Zentralstelle erblickt Brandts endlich in der Aufstellung von richtigen Grundsätzen für die Ausübung der Wohlthätigkeit, da die praktische Armenpflege eben nicht, wie so viele meinen, nur eine liebevolle That des Herzens sei, sondern eben so sehr, wie andere menschliche Dinge, ihre Grundsätze habe, die mit dem Verstand eben so kühl erfaßt, als mit warmem Herzen ausgeübt werden wollen.

Die Ausführungen von Brandts sind, wie schon angedeutet, deshalb von besonderem Interesse, weil sie ihre praktische Verwirklichung in einem weitausschenden Unternehmen gefunden haben, dem „Charitasverbande für das katholische Deutschland[1]). Der Verband ist erst kürzlich ins Leben gerufen, so daß von praktischen Erfolgen seiner Wirksamkeit noch nicht gesprochen werden kann. Ganz dasselbe gilt von einem ebenfalls erst vor ganz kurzer Zeit gegründeten Unternehmen, dem Landesverband für Wohlthätigkeit in Steiermark[2]), dessen Entstehung mit der vor einem Jahre ins Leben getretenen neuen steirischen Armengesetzgebung zusammenhängt. Der erste Verband verfolgt, wie schon sein Name andeutet, bestimmte konfessionelle Zwecke, während der zweite alle Bestrebungen auf dem Gebiete, einschließlich der öffentlichen Armenpflege umfassen soll. Dennoch stimmen die Satzungen beider Verbände in vielen Punkten fast wörtlich überein, ein Beweis dafür, daß der Grundgedanke aus gleichen Wahrnehmungen und Voraussetzungen abzuleiten ist. Während aber der Charitasverband sich lediglich auf Leitung und Anregung der Wohlthätigkeitsbestrebungen beschränkt, geht der steiermärkische einen Schritt weiter und setzt sich auch zum Ziele, eine allgemeine, für das ganze Land bestimmte Auskunftsstelle zu errichten, durch die berufsmäßige Bettler kenntlich gemacht werden sollen und der Mißbrauch der Wohlthätigkeit verhütet werden soll; hierzu möchte ich sogleich bemerken, daß ich die Ausführung der an sich sehr löblichen Absicht

---

[1]) Vgl. Charitas. Zeitschr. f. d. Werke der Nächstenliebe im kathol. Deutschland. — Aufruf zur Gründung eines Charitas=Verbandes. Jahrg. 1897, No. 4. Weitere Mitteilungen ebenda No. 4, 5, 6.

[2]) Vgl. Blätter f. d. Armenwesen. Herausgegeben vom Landesverbande f. Wohlthätigkeit in Steiermark. 1896. S. 7 ff., 25 ff., 51 ff., 95 ff.

für sehr schwierig halte, weil es erfahrungsmäßig schon schwer genug ist, derartige Daten über einzelne Personen für einen örtlich begrenzten Bezirk zu sammeln und dauernd richtig zu erhalten, geschweige denn für den Bereich eines ganzen Landes. Scheiden wir diese Auskunftsstelle zunächst aus, so ergeben sich als Zweck und Ziel beider Verbände: die Abhaltung von regelmäßigen Versammlungen zur Besprechung wichtiger Fragen, Anregung zur Begründung von Bezirks- (Diözesan=) Verbänden zur planmäßigen Bethätigung der Wohlthätigkeit innerhalb dieser Bezirke, die Sammlung von Nachrichten über Werke der Liebesthätigkeit, Begründung einer Zentralstelle, von der aus über die bestehenden Einrichtungen Auskunft gegeben werden kann und die Herausgabe einer Fachzeitschrift.

In den Satzungen des Charitasverbandes ist noch die Veröffentlichung größerer wissenschaftlicher Werke und kleinerer populärer Schriften über die verschiedenen Zweige der Charitas früherer Jahrhunderte und die Anlegung einer allgemeinen Charitasbibliothek in Aussicht genommen. Die Satzungen des steiermärkischen Verbandes gehen noch genauer in das Detail der von dem Verbande zu gebenden Anregungen ein. Sie betonen namentlich die Anregung von Vereinsgründungen in Stadt und Land für Hilfszwecke, für welche durch die bestehenden Wohlthätigkeitseinrichtungen noch nicht genügend gesorgt ist, Erleichterung derartiger Gründungen durch Uebermittlung von Satzungsentwürfen und Namhaftmachung von Personen, welche für Wohlthätigkeitseinrichtungen einer besonderen Art ihr Interesse bereits bethätigt haben, Vermittlung von fachmännischen Gutachten auf ganz besonderen Gebieten der Wohlthätigkeit und endlich Beratung von Wohlthätern bei Zuwendung von Spenden. Der eine der von beiden Verbänden namhaft gemachten Zwecke, die Begründung einer Fachzeitschrift, ist bereits erfolgt. Von Seiten des Charitasverbandes ist bereits der zweite Jahrgang der Zeitschrift „Charitas"[1]) im Erscheinen, während von dem steirischen Landesverbande Blätter für das Armenwesen[2]) herausgegeben werden, die bisher bis zum sechsten Heft gediehen sind.

1) Vgl. Anmerkung 1 auf S. 8.
2) Vgl. Anmerkung 2 auf S. 8.

II.
Zentralvereinigungen für das Gebiet einzelner Staaten und Länder.

Ich habe den Charitasverband und den Steirischen Landesverband vorweg behandelt, weil seit ihrer Begründung ein zu kurzer Zeitraum verflossen ist, um bereits von Erfolgen in der von ihnen angestrebten Richtung sprechen zu können; sie sind daher in dem Zusammenhange dieser Besprechung mehr von Bedeutung für die Erkenntnis dessen, was man von solchen Zentralstellen erwartet, als was man mit ihnen geleistet hat. Jedenfalls ist ihr Programm so gedacht, daß sie in einem Brennpunkt zusammenfassen, was sich sonst an verschiedenen Stellen zersplittert, so daß sie den Namen der Zentralstelle im höchsten Sinne rechtfertigen.

Diesen Gründungen, deren wesentliche Bedeutung vorerst noch in der Aufstellung eines Zukunftsprogramms besteht, stehen eine Reihe zentraler Vereinigungen gegenüber, die nur den einen oder den anderen Punkt des Programms aufgenommen, diesen jedoch für das ganze Gebiet der Fürsorgethätigkeit oder für eine einzelne Gruppe innerhalb des Thätigkeitsgebietes schon zu verwirklichen gesucht haben und auf eine mehr oder minder lange erfolgreiche Arbeit zurückblicken können. Im allgemeinen ist diesen Vereinigungen eigentümlich, daß sie der Vermittlung von Kenntnissen und Erfahrungen auf dem Gebiete der Fürsorgethätigkeit dienen wollen, ohne gleichzeitig praktische Unterstützungszwecke zu verfolgen. Doch ist einzelnen von ihnen auch die unmittelbare praktische Thätigkeit nicht fremd.

Die nachfolgende Darstellung beschränkt sich auf die wichtigsten Vereinigungen Deutschlands und eine Reihe wichtiger Veranstaltungen des Auslandes, mehr in der Absicht, die Vielgestaltigkeit dieser Thätigkeit zu erläutern, als eine ganz erschöpfende Uebersicht der bestehenden Zentralvereinigungen zu geben. Auch ist zu bemerken, daß eine Reihe von Fragen, die auf Grenzgebieten liegen, auch an Stellen behandelt werden, deren Auf=

gabe nicht in erster Linie in der Fürsorgethätigkeit liegt, so die Fragen der Gesundheitspflege und Hygiene in ärztlichen, die Fragen der Kinderfürsorge und Jugenderziehungen in pädagogischen, die Fragen der sittlichen Hebung in rein kirchlichen Verbänden.

a) **Der deutsche Verein für Armenpflege und Wohlthätigkeit**, der in diesem Zusammenhang am meisten interessiert, ist 1880 gegründet worden. Die Anregung zu seiner Gründung gab zunächst eine Schrift von Doell[1]), der das Bedürfnis nach wechselseitiger Verständigung zum Ausdruck brachte. Er befürwortete die Schaffung eines Zentralvereins, der die bestehenden Einrichtungen zur Ausführung der Gesetze prüfen, sie mit anderen vergleichen und hieraus sich ergebende Schlüsse zum gemeinen Besten verwerten solle. Nachdem das Bedürfnis in vertraulichen Besprechungen im Kreise gemeinnützig gesinnter Leute anerkannt war, schritt man zur Gründung des Vereins, als dessen Zweck bezeichnet wurde: Zusammenfassung der zerstreuten Reformbestrebungen, welche auf dem Gebiete der Armenpflege und Wohlthätigkeit hervortreten und fortgesetzte, gegenseitige Aufklärung der auf diesem Gebiete thätigen Personen. Hierzu dient als wesentliches Mittel die in jedem Jahre wiederkehrende öffentliche Versammlung. An der Spitze des Vereins steht ein Zentralausschuß. Der Verein hat seit 1880 mit einer durch die Cholera in Hamburg veranlaßten Ausnahme alljährlich eine solche Versammlung abgehalten, in der die wesentlichsten Fragen der Armenpflege und Wohlthätigkeit, vereinzelt auch Fragen des nächst angrenzenden Gebietes der Wohlfahrtspflege erörtert wurden. Wurden im Anfang, angesichts der durch Heimatgesetzgebung verursachten Bewegung, in besonders gründlicher Weise die gesetzliche Armenpflege und deren Grundlagen behandelt, so richtete sich doch sogleich auch die Aufmerksamkeit auf die eigentlich praktische Fürsorge, für Kinder, Kranke, Obdachlose u. s. w. Die Verbindung zwischen öffentlicher und privater Armenpflege, die Heranziehung von Frauen zur Armenpflege u. a. m. wurde auf die Tagesordnung gesetzt. Regelmäßig wurden die Verhandlungen durch Druckberichte vorbereitet, die seit 1886 als Veröffentlichungen des Vereins buchhändlerisch vertrieben werden. 1896 hat der Verein einen durch Dr. Münsterberg verfaßten Generalbericht erstattet, in dem das gesamte Material sachlich geordnet und nachgewiesen ist, so daß der Bericht in gewissem Sinne den Charakter eines Handbuches gewonnen hat[2]). Was die Wirksamkeit des Vereins als Centralorgan betrifft,

---

[1]) A. Doell. Die Reform der Armenpflege. — Bremen. Schünemann 80.
[2]) **Münsterberg.** Generalbericht über die Thätigkeit des d. V. f. A. u. W. von 1880—1895. Leipzig. Duncker & Humblot. 96. — Heft 24 der Vereinsschriften. — Wegen Entstehung und Geschichte des Vereins vergl. S. 1 ff. — Chronolog. Register der Vereinsschriften S. 22 ff. — Systemat. Darstellung S. 36 ff.

so unterliegt es keinem Zweifel, daß er namentlich das Armenwesen der städtischen Gemeinden in hohem Grade fruchtbringend beeinflußt hat und auch auf die Gesetzgebung entschieden, wenn auch nicht offiziell eingewirkt hat. Die ländliche Armenpflege ist im Ganzen nur durch die Provinzialverbände vertreten. Auch ist Bayern, obwohl durch einige Städte vertreten, dem Verein im allgemeinen fern geblieben, was mit seiner Sondergesetzgebung über das Heimatwesen zusammenhängt; in Elsaß-Lothringen zeigt sich, nachdem der Verein 1896 in Straßburg getagt hat, ein lebhafteres Interesse für seine Bestrebungen. Ein eigenes ständiges Organ besitzt der Verein nicht. Doch stehen ihm die Redaktionen des „Volkswohl", des „Helfer", der „Blätter für soziale Praxis" und früher auch die des inzwischen eingegangenen „Nordwest" sehr nahe.

b) Der Zentralausschuß für die Innere Mission der deutschen evangelischen Kirchen geht insofern schon etwas weiter, als er unter Umständen auch direkt praktisch thätig werden darf, obwohl diese praktische Thätigkeit, namentlich Ausbildung von persönlichen Arbeitskräften für den Dienst der J. M. im Rauhen Haus zu Hamburg und neuerdings auch Ausbildung von Gefängnisaufseherinnen keinen bedeutenden Umfang angenommen hat. Der Zentralausschuß ist 1849 infolge der von Wichern auf dem Wittenberger Kirchentage 1848 gegebenen Anregung begründet worden, wie er denn Wichern, der bis zu seinem Tode (1881) sein Präsident war, die wichtigste Förderung verdankt. Im ganzen hat sich seine Thätigkeit mehr auf Anregung, Rat, moralische Unterstützung beschränkt, die von vornherein die wesentlichsten Zwecke seiner Thätigkeit bildeten.

In seinem Statut heißt es: „Der Zentralausschuß wird insbesondere bestrebt sein, solche Gebiete des Volkslebens, die der Wirkung des Evangeliums entzogen sind, demselben wieder zu öffnen, die Werke christlicher Liebesthätigkeit anzuregen, isolierte Bestrebungen dieser Art miteinander in Verbindung zu bringen und mit Rat und That ihnen zu dienen. Auch selbständige Unternehmungen, sofern sie für das Werk der inneren Mission eine allgemeine Bedeutung haben, liegen innerhalb seiner Aufgabe." Doch soll „jedes willkürliche Eingreifen in die Arbeiten anderer auf diesem Gebiete und jeder Versuch einer Konzentrierung derselben unter seiner eigenen Leitung ausgeschlossen sein." Der Zentralausschuß steht mit einer großen Zahl von verwandten Bestrebungen aus allen Teilen Deutschlands in engerer oder loserer Verbindung, unter denen wieder die preußischen Provinzialvereine und die Bundesvereine der übrigen Staaten eine ähnliche Stellung zu den Einzelbestrebungen einnehmen, wie der Zentralausschuß zu ihnen.

Ein Hauptmittel der Anregung und Belehrung bilden die Kongresse, die bis zum Bestehen des Kirchentages (1872) mit diesem verbunden waren und seit 1858 regelmäßig alle 2—3 Jahre abgehalten werden. Neben den Hauptversammlungen werden noch Spezialkonferenzen im Anschluß an jene abgehalten, die namentlich für die Berufsarbeiter und Fachmänner von Wert sind.

Außerdem beschickt der Zentralausschuß eine große Anzahl von Vereinsversammlungen und Kongressen, wie die Jahresversammlung des deutschen Vereins für Armenpflege und Wohlthätigkeit, die Konferenzen der Zentralstelle für Arbeiterwohlfahrtseinrichtungen, des deutschen Herbergsvereins u. s. w. Endlich unterhält er durch eine Reihe von Agenten lebendige Beziehungen zu den einzelnen Landesteilen.

Ueber die Gesamtwirksamkeit des C. A. urteilt **Wurster**: „Nimmt man hinzu, was der Zentralausschuß mit Beantwortung zahlloser Anfragen geleistet hat, mit Herausgabe von Flugschriften und Dankschriften teils allgemein orientierender Art, teils über spezielle Fragen, wie Herbergen zur Heimat, Rettungshauswesen u. dergl., mit der Verbreitung von Verzeichnissen guter Volksschriften, Bibellesetafeln und ähnlichen Hülfsmitteln, so wird man sagen können, daß gerade auf diesem Gebiet der Kenntnisverbreitung und Anregung der Schwerpunkt seines Wirkens liegt"[1].

c) Noch mehr nähert sich der Verbindung von theoretischer und praktischer Arbeit der **Verband der Vereine unter dem Roten Kreuz**, deren Thätigkeit sich in diejenige zur Vorbereitung der Pflege verwundeter und erkrankter Krieger im Kriegsfalle und diejenige für Kranken- und Armenfürsorge im Frieden gliedert; in letzterem Falle tritt die Thätigkeit zum Teil ganz aus dem Zusammenhange mit dem Kriegswesen heraus und wird zur selbständigen dauernden Arbeit für Kranke und Arme, die namentlich durch die vaterländischen Frauenvereine geübt wird. So hat sich auch die Leitung gegliedert in ein **Zentralkomitee der deutschen Vereine zur Pflege im Felde verwundeter oder erkrankter Krieger** und in das **Zentralkomitee des vaterländischen Frauenvereins**, die ihrerseits wieder die entsprechenden Landesorganisationen umfassen.

Für die Zwecke der vorliegenden Schrift interessiert namentlich die Organisation des Vaterländischen Frauenvereins, der sich inzwischen zu dem bedeutendsten Träger weiblicher Armen- und Krankenpflege entwickelt hat. In seinem Statut vom 1. Mai 1867, revidiert am 24. Mai 1869 heißt es, nachdem in den vorhergehenden Pharagraphen die Thätigkeit für den Kriegsfall behandelt ist, in § 2: „Ueberdies verpflichtet er sich, direkt oder durch die betreffenden Zweigvereine

---

[1] Vergl. **Wurster**. Die Lehre von der Inneren Mission. Berlin. Reuther & Reichard. 95. S. 70. — **Schäfer**. Leitfaden der J.-M. Hamburg. Agentur des Rauhen Hauses. 3. Aufl. 93. S. 214.

a) bei der Linderung außerordentlicher Notstände, welche in einem oder dem anderen Teile des Vaterlandes durch ansteckende Krankheiten, Teuerung, Ueberschwemmung, Feuersbrunst oder auf andere Weise eintreten, augenblicklich Hülfe zu leisten

b) bei Förderung der Krankenpflege — durch Ausbildung von Pflegerinnen, Herstellung neuer und Verbesserung bestehender Krankenhäuser und durch Mitwirkung bei der Vorbereitung von Reservelazaretten — bei Gewährung von Arbeitsgelegenheit, bei Förderung von Waisenanstalten, bei Pflege verwahrloster Kinder, kurz, bei allen Aufgaben und Unternehmungen sich zu beteiligen, die die Linderung schwerer Notstände im Auge haben."

Die obere Leitung der Vereinsangelegenheiten liegt in den Händen eines Vorstandes von sechs männlichen und sechs weiblichen Mitgliedern, der in Berlin seinen Sitz hat. Seit 1882 ist zur Erledigung der stark angewachsenen laufenden Geschäfte ein geschäftsführender Ausschuß eingesetzt. Der Verein steht unter dem Protektorat der regierenden Kaiserin. Er baut sich von unten nach oben in Zweigvereinen, Kreis-, Provinzial- und Landesvereinen auf, die ihre Spitze in der Zentralleitung finden. Diese hält jährlich eine von Delegierten beschickte Generalversammlung ab, in der über die Thätigkeit der Vereine berichtet wird und auch allgemeine Fragen von Bedeutung erörtert werden. Praktische Armen- und Krankenpflege betreiben die Vereine unmittelbar; doch führen sie an die Zentralleitung einen, mindestens $1/10$ ihrer Einnahme betragenden Beitrag ab, während diese wiederum in geeigneten Fällen die Vereine mit Mitteln unterstützt. So sind im letzten Jahre an dem Hauptverein 17,110 Mk. abgeführt und von diesem 30,940 Mk. an Unterstützungen gewährt worden.

Zur Zeit gehören dem V. Fr. V. 841 Vereine an, von denen außerhalb Preußens auf Vereine ohne Verband 13, auf solche in den Landesverbänden von Anhalt 9, Braunschweig 10, Oldenburg 8, Els. Lothringen 13 entfallen. Für Preußen selbst bestehen durchweg Provinzialverbände mit Ausnahme von Hessen und der Rheinprovinz, wo sich die Verbände auf die Regierungsbezirke beschränken. Die gesamte Mitgliederzahl betrug 1895: 134,007 gegen 1894: 123,376. Der Zuwachs entfällt namentlich auf Schlesien; der Bericht hebt hier besonders die neuerdings erfolgte Bildung von Kreisvereinen hervor, die zur Belebung und Vermehrung der Vereinsthätigkeit wesentlich beigetragen haben. Von der Thätigkeit der Vereine in den einzelnen Zweigen der Arbeit wie: Krankenhäuser, Gemeindepflege, Kinderfürsorge u. s. w. giebt eine Tabelle ein anschauliches Bild; außerdem wird in dem Generalbericht auch über jeden einzelnen Verein besonders berichtet ¹).

Mit dem die angegebenen Verbände umfassenden Verein für Preußen und einige Bundesstaaten treten noch 7 Landesverbände zu dem **Verbande Deutscher Frauen-Vereine** zusammen. Es sind dies der Bayerische-Frauenverein, der sächsische Albert-Verein, der Württemb. Wohlthätigkeitsverein, der Badische Fr. V., der Hessische Alice-Verein, der mecklenburgische Marien-Frauen-V., das weimarische Patriotische Institut der Frauenvereine ²).

Sie verfolgen alle die gleichen, zum Teil aber noch weitergehende Zwecke; auch hier finden sich wieder Zentralleitungen mit Bezirks- und Lokalvereinen, die in ähnlicher Weise mit einander verbunden sind. Der bedeutendste unter ihnen ist der Badische Fr. V., der seit 40 Jahren besteht; er vereinigt die gesamte der Fürsorgethätigkeit von weiblicher Seite gewidmete Arbeit in sich und umschließt die sämtlichen Frauenvereine des badischen Landes, deren Begründung er zum großen Teil angeregt hat; auch giebt er seit 20 Jahren ein besonderes Vereinsblatt „Die Blätter des Badischen Fr. V." heraus ³).

Die gesamten Vereine vom Roten Kreuz, die Vaterl. Frauenvereine u. s. w. besitzen in der von Dr. Bauer begründeten jetzt im 15. Jahrgang erscheinenden Zeitschrift „Das Rote Kreuz", ein Zentralorgan für ihre Interessen, das namentlich den Bestrebungen auf dem Gebiete der Krankenpflege und der Volksgesundheit besondere Aufmerksamkeit widmet⁴).

Es sei schließlich noch daran erinnert, daß die Thätigkeit unter dem Roten Kreuz international ist und insofern zu den in höchsten Maße centralisierenden Bestrebungen zu rechnen ist, worauf an dieser Stelle nicht näher eingegangen werden kann ⁵).

d) Die Fürsorge für die wandernde Bevölkerung verbunden mit den Bestrebungen gegen das Bettler- und das Landstreicherwesen, hat neben den städtischen sogenannten Antibettelvereinen drei Arten von Fürsorge hervor-

---

1) Vergl. Bericht über die 30. Jahresversammlung des V. Fr. V. — insbes. S. 43 ff. und die tabellarischen Darstellungen S. 158 ff.
2) Vergl. a. a. O. S. 245.
3) Vergl. außer den jährlich erscheinenden Geschäftsberichten noch die als Festschrift 1881 herausgegebene „Geschichte des bad. fr. V." Karlsruhe. Braunsche Hofbuchdruckerei.
4) v. Kriegern. Das rote Kreuz in Deutschland. Leipzig. Veit & Komp. 83. — Handbuch der deutschen Frauenvereine vom Roten Kreuz. Berlin, C. Heymann, in dem von verschiedenen Verfassern nähere Angaben über Entstehung und Geschichte der einzelnen Landesverbände gemacht sind, auch das Material an Statuten, die Verbandsordnung der deutschen Frauenvereine u. s. w. mitgeteilt sind.
5) Vergl. Treuenpreuß. Das Rote Kreuz im Völkerrecht und im Vereinswesen. Berlin 87.

gerufen: die Herbergen zur Heimat, die Arbeiterkolonien und die Naturalverpflegungsstationen. Haben die ersteren eine mehr vorbeugende Tendenz, indem sie dem redlichen Wanderer Gelegenheit bieten wollen, mit bescheidenen Mitteln sich an einem Orte aufzuhalten, bevor er Arbeit gefunden, so sind die beiden anderen schon eigentliche direkte Fürsorgethätigkeit für diejenigen, die durch das Wanderleben in Dürftigkeit bereits geraten sind oder dicht davor stehen, darin zu versinken, wobei die Naturalverpflegungsstationen mehr einer vorübergehenden, die Arbeiterkolonien einer dauernden Notlage abhelfen wollen. Beiden ist das Streben gemeinsam, die Wanderungen in günstiger Weise zu beeinflussen, den Bettel von den Landstraßen zu verbannen und statt seiner Naturalverpflegung zu gewähren und unter Scheidung Würdiger und Unwürdiger in allen Fällen diese Verpflegung nur gegen Leistung von Arbeit zu gewähren. Sollen diese Bestrebungen von Erfolg gekrönt sein, so fordern sie von vornherein eine gewisse Zentralisation heraus, da das Uebel der Wanderbettelei sich naturgemäß nicht auf enge örtliche Grenzen beschränkt und nicht wirksam an einer Stelle bekämpft werden kann, wenn an einer anderen Stelle das planlose Almosengeben fortdauert. Auch hängen die Bestrebungen der Herbergen zur Heimat, der Naturalverpflegungsstationen und der Arbeiterkolonien wieder unter sich aufs engste zusammen. In dieser Erkenntnis ist einmal unter den Veranstaltungen jeder dieser drei Richtungen eine Zentralvereinigung hergestellt und ist wiederum zwischen den drei Zentralvereinigungen eine engere Verbindung angestrebt worden.

Für die Herbergen zur Heimat besteht der **deutsche Herbergsverein**, für die Naturalverpflegungsstationen der **Gesamtverband deutscher Verpflegungstationen**, für die Arbeiterkolonien der **Zentralvorstand deutscher Arbeiterkolonien**.

Die Herbergen zur Heimat, die die ältesten der hier genannten Veranstaltungen sind, begannen ihre Thätigkeit im Jahre 1854 der Anregung von Perthes[1]) folgend, der sogleich in seiner grundlegenden Schrift über den Gegenstand schon die Notwendigkeit eines Zusammenschlusses größerer Kreise betonte. Doch vergingen 20 Jahre, ehe in Düsseldorf der westdeutsche Verband der Herbergen zur Heimat begründet wurde und 30 Jahre, ehe es zu einer Vereinigung der sämtlichen Herbergen in dem jetzt seit 11 Jahren bestehenden deutschen Herbergsverein kam, die von Pastor v. Bodelschwingh angeregt und kräftig gefördert wurde[2]). (Eine am 18. Februar 1886 in Berlin zu-

---

1) C. T. Perthes. Das Herbergswesen der Handwerksgesellen. 2. Aufl. Gotha. Perthes 83.
2) Vergl. die Schrift: Die Herbergen zur Heimat 1854 bis 1896 und das erste Jahrzehnt des deutschen Herbergsvereins. Kommissionsverlag der Schriftenniederlage der Anstalt Bethel. Gadderbaum bei Bielefeld.

sammengetretene Versammlung von Herbergen erklärte die Gründung eines solchen Verbandes für bringend notwendig und beauftragte eine Kommission, die Angelegenheit vorzubereiten. Am 7. Juli 1886 wurde dann in Hannover der Verein gegründet. Vertreten waren darin die inzwischen begründeten Herbergsverbände von Brandenburg, Schlesien, Schleswig-Holstein, Königreich Sachsen u. a. m. Zur Zeit der Abfassung des Berichtes über die ersten zehn Jahre seines Bestehens gehörten dem Verein 17 Verbände mit 439 Herbergen an, die im ganzen in nahe an 3 Mill. Nächten über 1,700,000 Durchreisende und Kostgänger beherbergt hatten. Jährlich hält der Verein eine Hauptversammlung, in der wichtige Fragen des Herbergswesens behandelt werden, aus denen etwa folgende: Die Aufgaben der Kirche bei der Fürsorge für die Wanderer, Wanderordnung, Versicherung der Hausväter, Witwen und Waisen, Innungsherbergen und Arbeitsnachweis, Vertrauensmänner in verbandlosen Bezirken, die Massenherbergen und ihre Gefahren hervorgehoben sein mögen. Außerdem werden fortlaufend wichtige Fragen in dem Vereinsorgan besprochen, das bis Anfang 1897 „Die Arbeiterkolonie" hieß, jetzt jedoch „Der Wanderer"[1]) genannt wird und gleichzeitig auch als Organ für die Naturalverpflegungsstationen und die Arbeiterkolonien dient. Einzelfragen wurden in besonderen Rundschreiben an die Verbandsherbergsvorstände besprochen. Ueber die Bedeutung der Zusammenfassung sagt der mehrerwähnte Bericht[2]): „Nicht in den einzelnen Gedanken und Vorschlägen bestand das Neue . . . . . . ; das Neue bestand in der Zusammenfassung und praktischen Zuspitzung alles Guten und Brauchbaren, in dem rücksichtslosen Gewissensernst und der sammelnden Kraft der Liebe, in der Wucht einer rastlos vordringenden Werbearbeit, die alles, was helfen konnte, zu thätiger Hülfe heranzog." Der Bericht enthält auch eine Reihe Sonderberichte über die Einzelverbände (S. 46 ff.) und ein Verzeichnis der bestehenden Herbergen (S. 61 ff.).

Die Naturalverpflegungsstationen besaßen bereits in den einzelnen Landesteilen eigene Verbände, als sie 1892 in Kassel zu einer Versammlung zusammentraten, um eine Zentralvereinigung zustande zu bringen[3]). Es waren 10 durch Verbände vertretene Gebiete, hauptsächlich aus West- und Mitteldeutschland und 6 verbandslose Gebiete vertreten, darunter Bayern und Württemberg; auch nahmen die Vertreter des Herbergsvereins und des

---

1) Der Wanderer (früher Die Arb.-Kolonie). Herausgegeben vom Deutschen Herbergs-Verein. Verlag und Versand D. H. V. in Gadderbaum. Bis 1897: Dreizehn Jahrgänge.

2) a. a. O., S. 16.

3) Vgl. das Protokoll der konstituierenden Versammlung zu Kassel am 12. und 13. Januar 1892. Verlag der Schriftniederlage der Anstalt Bethel.

Zentralvorstandes deutscher Arbeiterkolonien an der Versammlung teil. Gemäß den Anträgen des Berichterstatters von Massow, der sich um das Wanderwesen und speziell auch um die Zusammenfassung dieser Bestrebungen hervorragende Verdienste erworben hat, erkannte die Versammlung die Notwendigkeit einer eigenen Zentralstelle für die Angelegenheiten der Verpflegungsstationen in Deutschland an und beschloß unter Vorbehalt der Bestätigung des Votums ihrer einzelnen Teilnehmer durch deren Auftraggeber die Einrichtung einer solchen Zentralstelle unter dem Namen: **Gesamtverband deutscher Verpflegungsstationen.** Die Versammlung setzt sich zusammen aus den Vertretern der bereits bestehenden Landes- und Provinzialverbände und aus Vertrauensmännern, welche die Behörde derjenigen Länder oder Bezirke bestimmen, in denen Verbände sich noch nicht gebildet haben. Auch findet sich die wichtige Bestimmung, daß an die Zentralorgane solcher Vereine u. s. w., die verwandte Bestrebungen verfolgen, das Ersuchen gerichtet werden soll, Vertreter in die Generalversammlung zu entsenden. Der Vorstand des Verbandes soll von der Lage des Stationswesens in Deutschland fortlaufend Kenntnis nehmen und zu diesem Zwecke die erforderlichen Ermittlungen anstellen; er soll mit den Zentralorganen derjenigen Vereine u. s. w., die verwandte Bestrebungen verfolgen, Verbindung unterhalten, das Gesamtinteresse des Stationswesens bei den Reichs- und Landesbehörden und in der Oeffentlichkeit vertreten und befördern als Mittelglied zwischen den einzelnen Verbänden und Bezirken auf eine einheitliche Handhabung der Stationssache hinzuwirken suchen. Auch ihm dient als Organ „Die Arbeiterkolonie", jetzt „Der Wanderer". Außerdem enthalten die Statuten Bestimmungen über die Aufgaben der Einzelverbände, die namentlich in der richtigen Verteilung der Stationen und der Organisation der Arbeitsvermittlung innerhalb seines Gebietes und der Verbindung der Hauptarbeitsnachweisstellen mit denjenigen der Nachbarverbandsgebiete bestehen. Endlich enthalten die Statuten Bestimmungen über die Aufgaben der Stationen und die Notwendigkeit einer einheitlichen Kontrole der Wanderer.

In den Verbandsversammlungen, deren bisher vier stattgefunden haben, werden von Delegierten der einzelnen Verbände kurze Berichte über die Lage der Verhältnisse in ihren Bezirken gegeben, der Bericht des Vorstandes erstattet und endlich wichtige Gegenstände in gemeinsamer Beratung erörtert, so namentlich betr. die gesetzliche Regelung des Stationswesens und der Arbeitsnachweise.

Die Vereinigung von Arbeiterkolonien ist 1883 gegründet worden. Hier liegt das Verhältnis insofern etwas anders, als es sich nicht um Verbände handelt, die in sich wieder nach Hunderten oder Tausenden zählende Einzelveranstaltungen umfassen, sondern um eine begrenzte Anzahl von

Anstalten, die die Sache der Herbergen und Naturalverpflegungsstationen durch Aufnahme von gänzlich Arbeitslosen, meist sehr verkommenen Personen unterstützen wollen, um diese durch länger dauernden Aufenthalt zur Arbeit zurückzugewöhnen und sie für längere Zeit von der Landstraße fernzuhalten. Zur Zeit bestehen 28 Arbeiterkolonien, die im Zentralvorstande deutscher Arbeiterkolonien ihr Zentralorgan haben. Auch dieser Verband hält regelmäßige Jahresversammlungen, an denen die Vertreter der einzelnen Kolonien oder Vertreter derjenigen Vereine oder Verbände teilnehmen, deren Absicht auf Begründung von Arbeiterkolonien allein oder in Verbindung mit den sonstigen Bestrebungen zur Bekämpfung der Wanderbettelei gerichtet ist. Außerdem nehmen auch hier Vertreter von Behörden und anderen den Bestrebungen nahestehenden Vereinen teil. Auf der letzten Jahresversammlung waren 33 Vertreter der ersten Art, 2 Vertreter von Behörden und 16 Vertreter anderer Vereine anwesend. Auch in diesen Versammlungen ist die Erstattung kurzer Berichte üblich, denen sich die Berichterstattung des Vorstandes und Erörterungen über wichtige Fragen des Arbeitsgebietes anschließen, aus denen hervorgehoben sein mögen: Versorgung der arbeitsunfähigen Bettler, Entmündigung von Gewohnheitstrinkern, die Frage der bedingten Verurteilung im Verhältnis zur Arbeiterkolonie, die Versicherungspflicht der Kolonisten, die Kultur von Oedländereien.

Zwischen den drei Zentralvereinigungen der genannten drei Zweige des Kampfes gegen Wanderbettelei besteht eine überaus enge Fühlung, die darin zum Ausdruck kommt, daß eine große Zahl der Delegierten zu der einen Vereinigung auch die Interessen der anderen zu vertreten hat, daß die Sitzungen aller drei Verbände regelmäßig in Berlin und zwar im Anschluß aneinander abgehalten werden und daß endlich „der Wanderer" das allen drei Verbänden gleichzeitig dienende Fachorgan ist. Außerdem sind die Vorstände der einen Vereinigung wechselseitig in den Vorständen der beiden anderen vertreten.

e) Zentralstelle der Vereinigungen für Sommerpflege. Die in Deutschland etwa 20 Jahre alten Ferienkolonien dienen dem speziellen Zwecke, armen und kränklichen Kindern die Möglichkeit zu verschaffen, frische Luft außerhalb der Stadt genießen zu können. Die Bestrebungen in dieser Richtung wurden in Berlin von dem Verein für häusliche Gesundheitspflege aufgenommen, dessen Haupttätigkeitsfeld sie auch jetzt noch bilden. Dieser Verein war es, der 1881 den Gedanken anregte, die Vertreter der Ferienkolonien zu gemeinsamer Arbeit zu vereinigen[1]). Es wurde 1881 nach Berlin eine Versammlung einberufen, die von 24 Vereinen beschickt war.

---

1) Vgl. Bericht über die Konferenz vom 15. März 1881, S. 8 ff.

Staatsminister Falk, der die Versammlung leitete, hob in seinen einleitenden Worten die Bedeutung wechselseitiger Verständigung hervor; man könne dies nicht allein durch Vergleichung von Berichten und sonstigen Schriften erreichen; viel dienlicher sei hierzu eine Zusammenkunft derjenigen Personen, die auf diesem Gebiete bereits thätig gewesen sind, selbst Erfahrungen gesammelt haben und nun ihre Erfahrungen miteinander austauschen. Es sei aber auch die Erwägung wichtig, daß eine derartige Zusammenkunft das in jedem Einzelnen bereits vorhandene Interesse belebe und kräftige und daß das persönliche Kennenlernen die Grundlage für eine weitere Verbindung und die Anregung zu gleichem Vorgehen auch für weitere Kreise sei. Mit der ersten Konferenz, an der auch die nachmalige Kaiserin Friedrich teilnahm, war eine Vorstellung von Kindern verbunden, die in Ferienkolonien ausgesandt waren. Ein förmliches Statut wurde in der ersten Versammlung nicht beschlossen. Die zweite Konferenz wurde vielmehr wiederum von dem Vorsitzenden des Vereins für häusliche Gesundheitspflege infolge des von mehreren Seiten ausgesprochenen Wunsches nach einer derartigen Vereinigung in Bremen 1885 zusammenberufen. Auch hier wurden, wie bei der ersten Konferenz wichtigen Einzelfragen aus dem Gebiet der Ferienkolonien behandelt; die Teilnahme war noch erheblich größer als in Berlin. In dieser Konferenz wurde nun der förmliche Antrag auf Errichtung einer Zentralstelle gestellt; doch einigte man sich zunächst nur dahin, einen aus den Komites für Ferienkolonien in den Städten Berlin, Bremen, Frankfurt a./M., Landsberg, Leipzig gebildeten Zentralausschuß niederzusetzen, der bis auf weiteres die Interessen der Ferienkolonien warnehmen sollte[1]. Insbesondere war ihm der Auftrag geworden, erstens ein Verzeichnis der in Deutschland vorhandenen Vereinigungen für Ferienkolonien herzustellen, sodann den Verkehr zwischen den in Deutschland vorhandenen Vereinigungen für Ferienkolonien zu vermiteln und drittens die Hauptversammlung vorzubereiten. Der erste Punkt wurde durch eine 1886 zum erstenmale erschienene und dann regelmäßig fortgesetzte Statistik der Ergebnisse der gesamten Sommerpflege erledigt. Es ist darin ein vollständiger Ueberblick über die gesamte Bewegung gegeben und die Statistik außerdem erweitert auf die ergänzende Einrichtung der Kinderheilstätten; zugleich erweitert sich damit auch die Thätigkeit der Zentralstelle zur Thätigkeit auf dem Gebiete der gesamten verwandten Bestrebungen, die seitdem unter dem Gesamtnamen der Sommerpflege zusammengefaßt wurden. Die nächste Konferenz wurde denn auch als eine solche der Vereinigungen für Sommerpflege bezeichnet. Diese, die in Frankfurt a./M. 1887 stattfand, ließ es

---

[1] Vgl. Bericht über die Konferenz zu Bremen vom 15. September 1885, S. 34—62.

bei dem Fortbestehen der Zentralstelle in der bisherigen Form bewenden und ermächtigte sie zugleich, behufs der als notwendig erkannten finanziellen Festigung der Zentralstelle eine Umlage auf die einzelnen Vereine zur Deckung der Kosten auszuschreiben. Die nächste Konferenz wurde 1890 in Leipzig abgehalten, bei welcher Gelegenheit Berlin, Bremen, Düsseldorf, Frankfurt, Leipzig, Posen, Straßburg i. E. als Vertreter der Zentralstelle berufen wurden. Die fünfte Konferenz endlich wurde 1896 in Berlin zusammenberufen; hier einigte man sich darauf, daß künftig sechs Vereine die Geschäfte der Zentralstelle führen sollen, als welche Berlin (zugleich als Vorort), Bremen, Frankfurt, Hamburg, Leipzig und Stettin gewählt wurden. Die Versammlungen finden also, wie man sieht, nicht regelmäßig, sondern nach Bedarf statt; der Vorsitzende hob auf der letzten Konferenz in dieser Beziehung hervor, daß neueErscheinungen, neue Formen der Sommerpflege inzwischen nicht wahrgenommen seien; es genüge also, von Zeit zu Zeit die inzwischen gewonnenen Erfahrungen auszutauschen. In den Berichten der Zentralstelle findet man denn auch wohl alle für die Uebung der Sommerpflege wichtigen Punkte berührt. Außerdem geben die erwähnten statistischen Uebersichten ein sehr gutes Bild der Gesamtbewegung. Die Zentralstelle läßt sich außerdem die Vermittlung der Berichte der einzelnen Vereine untereinander angelegen sein.

f. **Die württembergische Zentralleitung der Wohlthätigkeitsanstalten.** Die Zentralleitung nimmt eine eigentümliche Mittelstellung zwischen einer Zentralstelle und einem Wohlthätigkeitsverein mit unmittelbarer praktischer Thätigkeit ein. Außerdem giebt ihr der halb amtliche, halb freiwillige Charakter ihrer Thätigkeit ein besonderes Gepräge und eine geradezu einzigartige Bedeutung für die Frage der Verbindung öffentlicher Armenpflege und privater Liebesthätigkeit. Die Zentralleitung verdankt ihre Entstehung einer von der Königin Katharina im Jahre 1817 gegebenen Anregung, die auf den durch die Teuerung hervorgerufenen Notstand zurückzuführen ist. In einer Königl. Verordnung vom 7. Januar 1817 wird die Unzugänglichkeit der lokalen vielfach zersplitterten Hilfsthätigkeit betont, die den durch Krieg und Mißwachs verschlimmerten Notständen nicht gewachsen sei. Es wird daher der Plan eines großen Wohlthätigkeitsvereins gutgeheißen, der von unten nach oben aufgebaut alle Thätigkeit auf dem Gebiet von Armenpflege und Wohlthätigkeit umfassen, ergänzen oder wenigstens in Verbindung miteinander bringen soll. Der Verein soll unter einer in Stuttgart befindlichen Zentralleitung stehen, und durch besondere Oberamts- und Lokalvereine seine Wirksamkeit äußern. Die Lokalvereine und Lokalleitungen bilden sich durch den freiwilligen Zusammentritt von Armenfreunden; sie leisten ungezwungene Beiträge und überlassen deren Verwendung den mit den Kirchenkonventen verbundenen Lokalleitungen. Die Oberamtsleitungen werden in jedem Oberamtssitze errichtet; sie werden aus dem Oberamtmann, dem Dekan bezw. dem ersten Geistlichen, aus den wesentlichsten Mitgliedern der Kirchenkonvente, dem Oberamtsarzte, den Stiftungs- und Armenpflegern und anderen männlichen und weiblichen Armenfreunden zusammengesetzt. Diese drei Instanzen, Lokal-Oberamts- und Zentralleitung, stehen miteinander in lebendiger Verbindung. Sollen die örtlichen Vereine das Armenwesen des einzelnen Orts beraten, die Aufsicht über örtliche Einrichtungen und die Bedürftigen führen, so sollen die Oberamtsleitungen das Armenwesen ihres Bezirks kennen, die Lokalvereine mit Rat und That unterstützen, der Zentralstelle berichten, Sammlungen veranstalten, die sich auf das ganze Amt beziehen u. s. w. Die Zentralleitung wiederum verschafft sich eine Uebersicht über das Armenwesen des ganzen Staats, sucht allgemeine gesunde Grundsätze zu verbreiten, unterstützt die Oberamts- und Lokalleitungen nach Maßgabe des Bedürfnisses mit Mitteln u. s. w.

Dieser Grundplan ist in 80jähriger Wirksamkeit durchgeführt und weiter ausgestaltet, im wesentlichen aber unverändert geblieben, was für die Richtigkeit der ihm zu Grunde liegenden Idee spricht. Von Anfang an bis heute haben an der Spitze der Zentralleitung hohe Staatsbeamte gestanden, während ihre übrigen Mitglieder, ziemlich gleichmäßig aus beiden Geschlechtern gewählt, Persönlichkeiten sind, die sich um das Armenwesen an leitenden Stellen verdient gemacht haben. Protektorin ist nach wie vor die regierende Königin. In den Oberamtsleitungen besteht die ursprüngliche gesetzliche Verpflichtung bestimmter Amtspersonen zur Mitgliedschaft seit 1847 nicht mehr und ist durch das Prinzip der Freiwilligkeit ersetzt; doch sind thatsächlich die oben genannten Persönlichkeiten vielfach an den Bezirksvereinen beteiligt.

Zu den unmittelbaren Zwecken der Zentralleitung gehören die fortdauernde Kenntnißnahme von den Armenzuständen und von den Wohlthätigkeitsbestrebungen des Landes, Anregung und Aufmunterung von wohlthätigen Vereinen und Anstalten, Beschickung von Wohlthätigkeitskongressen und Verbindung mit ähnlichen Vereinen, Förderung der Kinder und jugendlicher Personen, Hilfe bei allgemeinen Notständen, die Fürsorge für die ärmsten Orte des Landes, Erstattung von Gutachten, Beaufsichtigung wohlthätiger Institute und endlich die Herausgabe der „Blätter für das Armenwesen".

Von besonderer Bedeutung ist unter den Instituten die allgemeine württembergische Sparkasse, die 1818 begründet wurde. Daneben tritt besonders die Hilfe in außerordentlichen Notständen hervor, für die sehr erheblichen Summen durch allgemeine Kollekten aufgebracht wurden. Noch im letzten Berichtsjahre (1895/96), das besonders reich an verheerenden Naturereignissen war, wurden für Wasserbeschädigte durch die Zentralleitung

28 975 M., für Hagelbeschädigte der Bezirke Kalw und Nagold 39 124 M., für die anderen Bezirke 45 565 M. zur Verteilung gebracht.

Das Vermögen der Zentralleitung, das heute aus 850 000 M. besteht, enthält Stiftungen zur freien Disposition in Höhe von etwa 100 000 M. und Stiftungen mit Sonderzwecken in Höhe von etwa 650 000 M. Unter den ständigen Beiträgen im letzten Berichtsjahr finden sich 3450 M. von seiten des Königs, 44 420 M. Staatsbeitrag und 159 448 M. an Kollekten und außerordentlichen Beiträgen. Nahe an 150 Anstalten und Vereine wurden mit Zuwendungen unterstützt. Nahe an 30 Anstalten und Vereine haben sich direkt der Verwaltung der Zentralleitung unterstellt. Daß die Zentralleitung den neu hervortretenden Bedürfnissen lebendig folgt und die zu ihrer Befriedigung dienenden Einrichtungen nach Kräften fördert, zeigt namentlich die Unterstützung der Krankenpflegerinnen-Vereine [1]).

g. Mehr der Thätigkeit des Deutschen Vereins für Armenpflege und Wohlthätigkeit nähert sich die amerikanische Vereinigung der National Conference of Charities and Correction. Sie umfaßt die gesamten Vereinigten Staaten und hält jährlich an einem anderen Orte ihre Jahresversammlung ab, über deren Ergebnis jedesmal ein sehr umfangreicher Berichtsband veröffentlicht wird (5—600 Seiten [2]). Jeder dieser Jahresberichte enthält kurze Mitteilungen über den Zustand der öffentlichen Armenpflege in den Einzelstaaten von verschiedenem Umfange und Wert und Berichte über wichtige Fragen, die der Erörterung bedürftig erscheinen nebst den Sitzungsberichten. Insofern unterscheidet sich die N. C. von dem Deutschen Verein, als sie bestimmte Sachgebiete regelmäßig verfolgt und für deren Bearbeitung ständige Komitees einsetzt, die ihrerseits die Bearbeitung dieses Gebietes, die darüber zu gebenden Berichte u. s. w. im Auge behalten und vorbereiten. Solcher Komitees bestehen z. B. für die Berichte über die öffentliche Armenpflege, Organisation der Liebesthätigkeit, Kinderfürsorge, jugendliche Personen, Kranke, Schwachsinnige, für das Studium sozialer Probleme in Lehranstalten u. s. w. Ergänzend wird neben diesen Berichten

---

1) Vgl. Blätter für das Armenwesen, die jetzt im 50. Jahrgange stehen, insbesondere 1897, Nr. 23 ff., in denen unter der Ueberschrift „Vor 80 Jahren" ein Rückblick auf die Thätigkeit der Z. L. geworfen wird. — Außerdem: Bericht über die Thätigkeit der Z. L. im Rechnungsjahr 95/96 und Jubiläumsbericht der Z. L. über ihre Leistungen in den 50 Jahren von der Zeit ihrer Gründung 1817—1867.

2) Proceedings of the National Conference of Charities and Correction. Die 23. Versammlung wurde 1896 in Grand Rapids, Mic. abgehalten. Die Berichte enthalten gute Sachregister, doch fehlt leider ein Generalregister, das die Orientierung sehr erleichtern würde.

ein regelmäßiges erscheinendes Organ, The Charities Review[1]), das den Charakter einer wissenschaftlichen Zeitschrift trägt, herausgegeben. Bemerkenswert ist, worauf unten noch zurückzukommen ist, daß die N. C. in einer Vereinigung verbindet, was in Deutschland verschiedene Vereinigungen leisten; neben dem Deutschen Verein für Armenpflege und Wohlthätigkeit, der, obwohl er keiner Frage der Armenpflege und Wohlthätigkeit prinzipiell aus dem Wege geht, doch gewisse Fragen bestimmten Spezialvereinigungen zu überlassen sich gewöhnt hat, stehen die Zentralverbände für die Naturalverpflegungsstationen, für die Arbeiterkolonien, für Ferienkolonien, für Schwachsinnige, Taubstumme, Blinde u. s. w., die die N. C. alle in sich begreift.

h. Für die Schweiz übt eine ähnliche Aufgabe die große gemeinnützige Gesellschaft, die sich etwas weitere Ziele in der Erörterung wichtiger in das Gebiet der Volksbildung, des Armenwesens und der Volkswirtschaft einschlagender Fragen gestellt hat, wozu vornehmlich die Jahresversammlungen und die Herausgabe einer Zeitschrift[2]) dienen. In ihrer Mitte hat sie eine besondere Armenkommission, die in ähnlicher Weise wie das unten näher zu besprechende Office central[3]) wirkt; so ist in deren Auftrag kürzlich ein von Niedermann bearbeitetes Werk erschienen: Die Anstalten und Vereine der Schweiz für Armenerziehung und Armenversorgung, das die gesamten in der Schweiz vorhandenen Wohlthätigkeitseinrichtungen umfaßt[4]).

Es sei hier auch noch die von Scotti herausgebene, ebenfalls den Charakter einer wissenschaftlichen Zeitschrift tragende Rivista della Beneficenza Pubblica erwähnt, die soweit ich sehen kann, nicht mit einer bestimmten Gesellschaft zusammenhängt.

---

[1] The Charities Review, with which is united Lend-a-Hand. Published monthly by the Char. Organ. Society of the City of New-York. Jetzt im 6. Jahrgang.
[2] Schweiz. Zeitschr. f. Gemeinnützigkeit. Organ d. schweiz. gemeinn. Gesellsch. Zürich. Ed. Leemann. Jetzt im 36. Jahrgang.
[3] Vgl. unten zu IV.
[4] W. Niedermann. Die Anstalten und Vereine der Schweiz für Armenerziehung und Armenversorgung. Bearbeitet im Auftrage der Armenkommiss. der schweiz. Gemeinn. Ges. Zürich. Zürcher & Furrer. 1896.

III.
Internationale Zentralvereine und Kongresse für Fürsorgethätigkeit.

Ueber den Rahmen der einzelstaatlichen Vereinigungen hinaus reichen die internationalen Kongresse und Verbände.

Der erste, der hier zu nennen ist, ist der Congrès international de bienfaisance, der drei Versammlungen, in Brüssel, Frankfurt a/M. und London in den Jahren 1856, 1857 und 1862 abgehalten und Berichte über seine Arbeiten in sechs Bänden veröffentlicht hat [1]). Das Bedürfnis den Austausch von Ideen und nützlichen Nachrichten unter den Philanthropen aller Länder zu erleichtern, wurde schon von dem Gefängniskongreß in Frankfurt a. M. und auf verschiedenen anderen gemeinnützigen in Brüssel in den Jahren 1847 und 1853 abgehaltenen Kongressen anerkannt. 1855 beschloß die Société d'économie charitable zu Paris auf Anregung ihres damaligen Vorsitzende Vicomte de Melun, von der günstigen Gelegenheit Gebrauch zu machen, die die Weltausstellung bot, um eine Konferenz von Philanthropen unter dem Namen Réunion internationale de charité zu berufen. Es wurde der Versammlung eine große Zahl von Gegenständen, wie Krippen, Elementarschulen, Lehrlingswesen, Kinderfürsorge, Unterstützungskassen, Sparkassen, Altersversicherungskassen, offene Armenpflege u. s. w. zur Besprechung unterbreitet. Es gelang dann, namentlich Dank den Bemühungen des bekannten Ducpétiaux, des damaligen Generalinspektors der Gefängnis- und der Wohlthätigkeitsanstalten in Belgien, der Bewegung einen neuen Impuls zu geben und das Zustandekommen eines ersten Kongresses in Brüssel im Jahre 1856 zu sichern.

---

1) Congrès intern. de bienfaisance. Session de 1856. Tome I. Programme. — Compte rendu etc. T. II. Annexes. Brüssel 1857. — C. i. d. b. de Francfort sur-le-Main. Session de 1857. Tome I u. II in derselben Anordnung. Frankfurt 1858. — C. i. d. b. Session de 1862. T. I (Partie française). T. II (Partie anglaise). London 1863.

1857 fand eine zweite Vereinigung in Frankfurt a. M. statt. Auf beiden Kongressen wurden die mannigfachsten Gegenstände, auch solche, die mit der Armenfürsorge nur in mittelbarem Zusammenhange stehen, in drei Sektionen erörtert, von denen die erste sich auf Fragen der Wohlthätigkeit, die zweite auf solche der Erziehung, die dritte auf solche des Gefängniswesens erstreckten.

Dann vergingen fünf Jahre, bis der Kongreß in Verbindung mit den regelmäßigen Jahressitzungen der 1857 in England begründeten nationalen Gesellschaft für den Fortschritt der sozialen Wissenschaften und ebenfalls im Anschluß an eine Weltausstellung in London zusammentrat. In fünf Sitzungen wurden die verschiedensten, durch Berichte vorbereiteten Gegenstände erörtert, unter denen neben wichtigen Fragen der Fürsorge auch Gegenstände der allgemeinen Wohlfahrtspflege zur Verhandlung gelangten. Nicht weniger als 52 Berichte, Mitteilungen, Denkschriften u. dgl. wurden teils verlesen, teils mitgeteilt, die sich auf fast alle Länder beziehen. In einem besonderen Bande sind sodann in englischer Sprache 27 Berichte und Mitteilungen veröffentlicht, die speziell England und Amerika betreffen. Das auf diese Weise zusammengebrachte Material ist von sehr ungleichem Werte; die Erörterungen sind mit wenigen Ausnahmen von geringem Umfange.

In noch höherem Grade gilt dies von dem wiederum aus Anlaß einer Weltausstellung 1893 in Chicago abgehaltenen Wohlthätigkeitskongreß (International congress of charities). Der Kongreß hielt allgemeine und Sektionssitzungen ab. Die Sektionen waren gebildet für 1. die öffentliche Armenpflege, 2. Kinderfürsorge, 3. Fürsorge für Kranke, 4. Geisteskranke, 5. Vorbeugung gegen Verbrechen; Besserung der Gefangenen, 6. Organisation und Verbindung der Wohlthätigkeitseinrichtungen und vorbeugende Arbeit unter den Armen, 7. Soziologie als ein besonderer Lehrgegenstand in Unterrichtsanstalten, 8. Fürsorge für schwachsinnige Kinder. Ueber die bezeichneten Gegenstände sind aus den verschiedensten Ländern, selbstverständlich mit starkem Hervortreten der amerikanischen Einrichtungen zahlreiche Berichte und Mitteilungen gesammelt, die demnächst in fünf Bänden nebst dem Bericht über die Kongreßverhandlungen veröffentlicht wurden[1]). Als

---

[1]) Report of the Proceedings of the Internat. Congress of Charities, Correction and Philantropy.
    Bd.   I.   I. Generale Exercises.
                II. The Public Treatment of Pauperism.
    Bd. II. The Organisation of Charities.
    Bd. III. I. The care of dependent neglected and wayward children.
                II. Sociology in institutions of learning.

sechster Band darf auch noch die Geschichte der Kinderfürsorge in den Vereinigten Staaten (History of Child Saving in the United States) hierher gerechnet werden, der der gleichzeitig tagenden Nationl conference überreicht wurde und sehr wertvolles Material über den Gegenstand enthält. Die Berichte sind von sehr ungleichem Wert; immerhin kann der über 700 Seiten starke Band über Krankenpflege in Anstalten und im Hause als ein den Gegenstand erschöpfendes Compendium dieses Gebietes bezeichnet werden.

Die Arbeitsleistung, die in den Veröffentlichungen der genannten Kongresse zu Tage tritt, verdient, ganz abgesehen davon, ob der Zweck der Kongresse in seinem ganzen Umfange erreicht worden ist, höchste Anerkennung.

Hierher gehört auch der **Kongreß für Kinderschutzpflege** (**Congrès international de la Protection de l'Enfance**), der 1883 zu Paris unter dem Ehrenvorsitz der Minister des Innern, der Justiz, der Landwirtschaft und des Handels und unter dem Vorsitz von **Georges Bonjean** abgehalten wurde. Außerdem waren in der Person von Ehrenvorsitzenden eine größere Anzahl von Ländern, darunter auch Deutschland, beteiligt. Das Verzeichnis der teilnehmenden Behörden, Vereine, Korporationen und Privatpersonen weist eine überraschend große Zahl von Vertretern aller Länder nach, wobei wiederum Deutschland mit in erster Linie steht; so sind die drei Hansestädte nicht nur durch Senatsmitglieder, sondern auch durch zahlreiche Einzelvereine vertreten, während aus Preußen keine besondere Vertretung entsandt ist, und größere Städte, wie Berlin und Frankfurt, ganz fehlen. Die Berichte und Verhandlungen sind in zwei sehr starken Bänden veröffentlicht[1]). Der erste enthält auf fast 150 Seiten eine Einführung in die Geschichte des Zentralvereins für Schutzpflege (société générale de protection pour l'enfance abandonnée ou coupable), die den Kongreß berufen hat[2]).

Der Kongreß teilte sich in fünf Kommissionen: betreffend kleine Kinder,

---

Bd. IV. I. Commitment, detention, care and treatment of the insane.
II. Care and training of the feeble minded.
III. The prevention and repression of crime.
Bd. V. Hospitals, dispensaries and nursing.
Bd. VI. History of child saving in the United States.

1) Congrès international de la protection de l'enfance. Compte rendu des travaux. Publié par M. Bonjean. Tome I: Documents préliminaires et travaux de l'assemblée générale. Tome II: Travaux préparatoires et annexes. Paris. Durand & Pedonel-Lauriel. 1885. 1886.

2) a. a. O., Bd. I, S. 61 ff.

verlassene Kinder, Lehrlinge, Versäumung der Schulen, jugendliche Gefangene. Jeder dieser Kommissionen hatte eine Reihe von Fragen zu behandeln, die das Gebiet zwar nicht erschöpfen, aber doch viele wichtige Punkte berühren. Die Kommissionen hielten besondere Sitzungen; außerdem wurden allgemeine Sitzungen veranstaltet.

Von einem internationalen Kongreß für Kinderschutz, der 1896 in Florenz abgehalten werden sollte, habe ich Näheres nicht in Erfahrung bringen können; auch sind mir Veröffentlichungen dieses Kongresses bislang nicht bekannt geworden. Nach dem an anderer Stelle mitgeteilten Plan sollte der Kongreß sich in fünf Sektionen gliedern, die allgemeine Propoganda zu Gunsten des Kinderschutzes, physische Hebung der Kinder, moralische Hebung, intellektuelle Hebung und ökonomische Fragen behandeln [1]).

Im Anschluß an die unständigen Kongresse sind die ständigen zu nennen, zunächst die Société internationale pour l'étude des questions d'Assistance, die in Paris ihren Sitz hat, sich jedoch auf alle Länder erstrecken soll. Thatsächlich wohnt die Mehrzahl der Mitglieder in Paris, ein kleiner, wenn auch nicht unbeträchtlicher Teil in den Departements, während andere Länder nur in geringem Maße vertreten sind; immerhin ist kein Land ganz ohne Vertreter. Die S. J., die im Anschluß an den zur Zeit der Weltausstellung 1889 [2]) abgehaltenen internationalen Kongreß 1890 begründet wurde, stellt sich zur Aufgabe das Studium aller Fragen aus dem Gebiete der Armenpflege und Wohlthätigkeit; sie will diesen Zweck erreichen durch regelmäßige Versammlungen, durch Herausgabe einer Zeitschrift, durch Organisation von Konferenzen, durch moralische Unterstützung aller auf diesem Gebiete arbeitenden Gesellschaften. Die Sitzungen werden regelmäßig jeden Monat abgehalten; ebenso ist bis jetzt die Zeitschrift unter dem Titel Revue d'assistance [3]) regelmäßig erschienen; auch werden in den Berichten und Verhandlungen die Einrichtungen fremder Länder durchaus berücksichtigt. Die Teilnahme auswärtiger Mitglieder ist dagegen selten und mehr zufälliger Natur. Die Absicht, „un centre permanent d'études, d'action et des relations internationales" zu sein, ist bisher wohl kaum erreicht worden.

Das Gleiche dürfte der Fall sein mit dem 1890 in Antwerpen

---

1) Vgl. Trüper. Zum internationalen Kinderschutz. In der Zeitschrift: Die Kinderpflege. I. Jahrgang, 3. Heft, 1896. S. 85.

2) De l'assistance. Compte rendu officiel in extenso du Congrès international tenu à Paris 1889. 2 Bde. Paris. Rougier & Co.

3) Revue d'assistance. Bulletin de la société internationale. Paris. Marchand & Billard. Erscheint jetzt im 8. Jahrgang.

gegründeten internationalen Fürsorge-Kongreß¹), der sich 1894 zum zweiten Male versammelte und sehr zahlreich von Belgiern und Franzosen, dagegen spärlich von Angehörigen anderer Länder besucht war.

Der Kongreß beschränkt sich vorläufig auf die Schutzfürsorge; er zerfällt in vier seinem Titel entsprechende Sektionen.

In seiner letzten Versammlung 1894 hat er beschlossen, ein ständiges internationales Komite niederzusetzen, das die periodischen Versammlungen vorbereiten und jährlich einen Bericht über seine Arbeiten herausgeben soll²). Die Berichte über die beiden Versammlungen sind ebenfalls im Druck erschienen. Der Berichtsband von 1890 enthält, worauf beiläufig aufmerksam gemacht werden mag, eine überaus umfangreiche Bibliographie betr. Kinderfürsorge, betr. Schutzfürsorge für Gefangene und entlassene Sträflinge und betr. Landstreicher- und Bettelwesen. Auf nahezu 50 Seiten im Großquart sind mehr als 1000 Druckwerke und Berichte über die genannten Gegenstände verzeichnet³).

---

1) Congrès international pour l'étude des questions relatives au patronage des condamnés, des enfants moralement abandonnés, des vagabonds et des aliénés.

2) Congrès intern. pour l'etude des questions relatives au patronage etc. Anvers 90. Compte rendu sténographique. Brüssel. 1891. — Desgleichen Anvers, 1894. — Bd. I: Documents. Bd. II: Discussions. Antwerpen. 1894. 1895.

3) a. a. O., Bd. I, S. 56 ff.

VI.
Oertliche Zentralstellen.

Die Entwicklung örtlicher Zentralstellen nimmt aus inneren Gründen den umgekehrten Weg, wie Zentralvereinigungen, die sich über ganze Provinzen, Staaten oder gar mehrerer Länder erstrecken. Bei diesen tritt das Bedürfnis hervor, sich über die Ziele ihrer Bestrebungen im allgemeinen zu verständigen, Erfahrungen auszutauschen, Uebersichten über das Gesamtergebnis der Thätigkeit herzustellen, kurz: aus höheren Gesichtspunkten zusammenzufassen; vereinzelt kommt es bei dieser Thätigkeit denn auch zu einer Beziehung zu der praktischen Thätigkeit durch Unterstützung einzelner Wohlthätigkeitsvereine, ja wohl auch durch Zuwendungen an einzelne Personen. Die örtliche Wohlthätigkeit hat es dagegen zunächst nur mit dem Einzelfall zu thun; sie will den Bedürftigen unmittelbar helfen nach dem Maße der ihr zur Verfügung stehenden Mittel. Bei diesem Bestreben wird aber, wenn sie einigermaßen mit Nachdenken geübt wird, sehr bald die Wahrnehmung gemacht, daß Bestrebungen vorhanden sind, die ähnliche oder gleiche Ziele verfolgen und daß für die Hülfe im einzelnen Falle außerordentlich viel darauf ankommt, ob nur von einer Stelle oder von mehreren geholfen wird, daß die mehreren sich wohl in fruchtbarer Weise ergänzen, aber auch in sehr unfruchtbarer Weise wechselseitig schädigen können. Man bemerkt einen Ueberfluß an Einrichtungen für einzelne Zweige der Fürsorge, einen Mangel in anderen Zweigen; man beobachtet, wie gewisse Persönlichkeiten eine große Reihe von Wohlthätigkeitsveranstaltungen zu brandschatzen wissen, während andere, wirklich verschämte Arme, weder von der einen noch von der anderen Seite etwas erhalten. Das führt zu dem natürlichen Wunsch, sich über die vorhandenen Einrichtungen einen Ueberblick zu verschaffen und sich im einzelnen Falle zu vergewissern, was neben der eigenen Thätigkeit noch von anderer Seite her geschieht. Wird eine Verständigung über den wechselseitigen Austausch von Nachrichten über die Einrichtungen und über die Person der Unterstützten erreicht, so stellt sich wohl auch das Bedürfnis ein, sich über Fragen der Armenpflege und Wohlthätigkeit unter einander zu verständigen, die für den Ort eine besondere Bedeutung haben; es schließt sich aber auch der Wunsch an, sich überhaupt über diese Fragen zu unterhalten und Meinungen und Erfahrungen mit einander auszutauschen. Zuweilen treffen sich dann, wie in der württembergischen Zentralleitung die allgemeinen und die örtlichen Tendenzen, um zu einer Mittelbildung zu führen, die gleichzeitig diesen weiteren und den engeren lokalen Interessen dient.

In dem Maße, als einzelne Vereine, Stiftungen und Wohlthätigkeitsanstalten zahlreicher sind, als Landesverbände, und in dem Maße, als das Bedürfnis nach örtlicher Verständigung stärker und unmittelbarer hervortritt, als das Bedürfnis nach Verständigung zwischen größeren Bezirken, ist auch die Zahl der Versuche auf diesem Gebiete zahlreicher, so daß eine vollständige oder auch nur eine annähernd vollständige Uebersicht der hier vorhandenen Einrichtungen an dieser Stelle nicht angängig ist. Für unseren Zweck genügt es aber auch völlig, wenn hier die Richtungen angegeben werden, in denen sich die örtliche Zentralisation zu vollziehen pflegt, welcher Mittel sie sich hierbei bedienen kann und an welchen Orten Einrichtungen solcher Art getroffen sind, die geeignet sind, als Typen örtlicher Zentralstellen oder einzelner Teile örtlicher zentralisierter Thätigkeit zu dienen[1]).

a. **Auskunft über bedürftige Personen.** Das Problem der Auskunftserteilung über Bedürftige ist verhältnismäßig sehr einfach. Wenn Ueberhäufung derselben Person mit Unterstützungen als ein schädlicher Mißbrauch, die Ermöglichung des Zusammenwirkens behufs Unterstützung derselben Person in verschiedener Art als nützlicher Gebrauch der Wohlthätigkeit anerkannt werden muß, so ergiebt sich als einfachstes Mittel zur Herbeiführung solches Verfahrens, daß man sich wechselseitig die Namen derjenigen mitteilt, die jeder Teil unterstützt. Man sammelt diese Namen nach bestimmten Gesichtspunkten, am besten wohl nach dem Alphabet, trägt sie in dazu bestimmte Register ein und giebt aus diesem Register Auskunft, ob eine Person und von welchen Seiten und in welcher Art sie unterstützt wird. Man bemerkt dann sehr bald, ob viele Unterstützungen auf denselben Namen lauten und zu welcher Klasse von Bedürftigen der eine oder andere Unterstützte gehört; man erfährt, wer von Seiten der öffentlichen Armenpflege oder der Privatwohlthätigkeit sich schon mit dem Falle beschäftigt hat und kann sich behufs gemeinsamen Vorgehens mit den beteiligten Pflegeorganen in Verbindung setzen.

---

[1]) Vgl. im allgemeinen **Münsterberg**. Die Verbindung der öffentlichen und und der privaten Armenpflege. Schr. des D. V. f. A. u. W. 1890. H. 14. Dazu auch Korreferat v. **Rothfels**. Ebenda und Verhandlungen. H. 15. S. 77 ff. — Ferner **Eberty** und **Künzer**. Die Bestrebungen der Privatthätigkeit und ihre Zusammenfassung. H. 19, S. 87 ff.; H. 20, S. 95 ff.

So einfach diese Einrichtung sich in ihren theoretischen Anforderungen zu gestalten scheint, so schwierig ist allerdings ihre praktische Ausführung, aus technischen und aus inneren Gründen. Aus technischen insofern, als es durchaus nicht leicht ist, so zuverlässige Nachrichten über Namen, Wohnung, Familienverhältnisse, Art, Höhe und Dauer der Unterstützung zu erlangen; es bedarf hierzu jedenfalls der Ausfüllung eines eigenen Formulars, das nach übereinstimmenden Wünschen hergestellt sein muß. Ohne solche rein formale Unterlage ist aber, namentlich in größeren Orten, die Herstellung einer zuverlässigen Registratur nicht möglich, weil viele häufige Namen wiederkehren, weil eine Unterstützung, die heute gewährt wurde, morgen wieder eingestellt werden kann, eine Angabe über Familienverhältnisse, die heute richtig ist, morgen unzutreffend sein kann. Denn diese Verhältnisse verändern sich durch den Tod, Krankheit, Veränderung des Familienstandes, Höhe des Arbeitseinkommens u. s. w. fortwährend. Die Einrichtung setzt daher und zwar in einem der Größe des Ortes entsprechenden Steigerungs=
verhältnis ausgezeichnete Registratureinrichtungen mit geschultem Personal und die ständige Bereitwilligkeit aller Beteiligten voraus, alle diese Nachrichten so schnell und so zuverlässig zu geben, als nur irgend möglich ist. Auch ist die Mitwirkung der öffentlichen Armenverwaltung eine als unerläßlich zu bezeichnende Voraussetzung. Die innere Schwierigkeit liegt in dem Charakter der Privatwohlthätigkeit mit ihren guten und üblen Seiten. Die guten sind, daß man von Akten wirklicher Menschenliebe nicht Zeugnis ablegen und auch nicht den Empfänger einer Wohlthat dadurch beschämen will, daß man seinen Namen gewissermassen öffentlich bekannt giebt, die schlechten, daß so viele Vereine und Privatpersonen jedem vernünftigen Zusammenarbeiten sich widersetzen, weil dadurch vermeintlich ihre Selbständigkeit bedroht wird. Ganz besonders gilt dies von dem Verhalten konfessioneller Vereine zu der öffentlichen Armenpflege, deren Widerstand sehr schwer zu überwinden ist[1].

Angesichts der wirklichen Sachlage, über deren Gestaltung außerordentlich zahlreiche Beobachtungen vorliegen, thut man daher gut, wenn man eine derartige Auskunftsstelle ins Leben rufen will, nicht etwa zu warten, bis alle in Frage kommenden wohlthätigen Vereine, Stiftungen u. s. w. ihre

---

[1] Dies trat sehr deutlich hervor, als das Zusammenwirken der öffentlichen und privaten Armenpflege 1894 auf dem Kongreß des deutschen Vereins für Armenpflege und Wohlthätigkeit in Köln behandelt wurde. Vgl. Schriften des Vereins, Heft 20, S. 95. — In Kassel lehnte die Oberin der Station der barmherzigen Schwestern mit Rücksicht auf die Ordensregeln die Beteiligung ab. Vgl. Verwaltungsbericht für 1891—92, S. 134. — In Würzburg scheiterte ein Versuch der Verbindung der öffentlichen Armenpflege mit der Privatwohlthätigkeit, „weil die linke Hand nicht wissen soll, was die rechte thut." Vgl. Verwaltungsbericht 1883—88, S. 255.

Geneigtheit kundgegeben haben, sich zu beteiligen, sondern man thut erfahrungsgemäß sehr viel besser, anzufangen, wenn wenigstens einige namhafte Vereine sich zu solcher Auskunft bereit erklären; wird die Sache zweckmäßig eingerichtet, bemerken die zunächst ablehnend sich verhaltenden Vereine, daß hier wirklich in schneller und zuverlässiger Weise in Erfahrung gebracht werden kann, was sonst jeder Verein erst wieder für sich ermitteln muß, so sind sie geneigter, sich ebenfalls anzuschließen. Auch kommt, wenn die Armenverwaltung und die Hauptvereine beteiligt sind, nicht so sehr viel darauf an, ob die eine oder die andere Veranstaltung zurückbleibt. Da muß denn eben die Erkundigung im einzelnen Falle hinzutreten, die bei geordneter Armenpflege und Liebesthätigkeit ja ohnehin nicht entbehrt werden kann.

In primitiver Form bestehen derartige Auskunftsstellen insofern bei den allermeisten Armenverwaltungen, als auf Anfrage aus Privatkreisen in der Regel bereitwilligst Auskunft über etwaige öffentliche Unterstützung gewährt wird[1]). In einer Reihe von Städten, so z. B. in Kiel, Dortmund, Hannover, Elberfeld u. s. w. erfolgt die wechselseitige Bekanntgabe der Unterstützungen von Seiten der öffentlichen Armenverwaltung und einiger mit ihr in Verbindung stehender größerer Vereine. In Danzig ist eine derartige Auskunftsstelle von Seiten des Unterstützungsvereins eingerichtet, der mit einer Anzahl anderer Vereine in Verbindung steht, während bei dem Magistrat ein Verzeichnis der Stiftungsempfänger geführt wird, aus dem den Stiftungsverwaltern Auskunft ertheilt wird.

In Hamburg hat die seit 1870 bestehende Aufsichtsbehörde für die milden Stiftungen dem Gesetze gemäß ein Verzeichnis der sämtlichen Stiftungsbezüge zu führen und daraus auf Erfordern den Stiftungsverwaltern Auskunft zu erteilen; doch wurde von dem Register ein sehr mäßiger Gebrauch gemacht, der gegenüber den rund 45,000 Unterstützungspositionen, die das Register jährlich verzeichnete, fast gleich Null war. Dagegen ist seit 1895 in Hamburg im Anschluß an diese Stelle und in engster Verbindung mit der Verwaltung der öffentlichen Armenpflege eine Auskunftsstelle eingerichtet worden, die zunächst auf alle vorherigen Vereinbarungen mit Vereinen verzichtete und sich begnügte, auf Wunsch allen irgendwie interessierten Personen (bei denen nicht gerade ein Mißbrauch zu fürchten war) genaue Mitteilungen über die Persönlichkeit jedes Unterstützten zu machen, der aus öffentlichen Mitteln unterstützt wird oder Stiftungsbezüge genießt. Es zeigte sich sehr bald, daß die Armenver-

---

[1]) Als Quellen dienen hier die Verwaltungsberichte der betr. Armenverwaltungen und Privatvereine, die im einzelnen anzuführen zu weit führen würde.

waltung in ihren Akten ein Material besaß, das auch für die Privatwohl=
thätigkeit von großem Nutzen war und daß sie thatsächlich sehr weitreichende
Auskunft erteilen konnte, auch ohne von der Privatwohlthätigkeit direkt
unterstützt zu sein. Nachdem die öffentliche Aufmerksamkeit in hinreichender
Weise auf die neue Einrichtung hingelenkt worden war, wurde die Stelle
sogleich sehr lebhaft benutzt und brachte es schon im ersten Jahre nach
neunmonatlichem Bestehen auf 3,500 Auskünfte, während 1896 nahe an
6,500 Auskünfte erbeten wurden. Hiervon entfielen 2,276 auf Privat=
personen, 1411 auf Vereine, 1,797 auf Stiftungen und 885 auf Be=
hörden [1]. Inzwischen hat sich auch schon eine Reihe von größeren Privat=
vereinen in engere Verbindung mit der Auskunftsstelle gesetzt, so daß ver=
mutlich bei nicht nachlassender Gleichmäßigkeit in der Handhabung der Aus=
kunftserteilung die Stelle noch sehr viel stärker in Anspruch genommen und
sich als unentbehrliches Hülfsmittel der Armenpflege und Wohlthätigkeit
einleben wird [2].

Die Zahl der Armenverwaltungen, die neuerdings Auskunftsstellen
eingerichtet haben, ist sehr bedeutend. Seit längerer Zeit bestehen sie in
Dresden, Frankfurt a. M., Lübeck, Breslau, Magdeburg u. a. In Dresden
ist die Einrichtung so getroffen, daß die beteiligten Vereine sich verpflichten,
jedes Gesuch um Armenhilfe zunächst dem Armenamt zur schriftlichen Aus=
kunftserteilung zugehen zu lassen. Nach dem letzten Geschäftsbericht sind
1895 im Ganzen 3816 derartige Gesuche eingegangen; auch wird bemerkt,
daß die Benutzung durch Privatpersonen fortwährend in Zunahme begriffen
sei. Eine sehr wesentliche Anregung zu derartigem Vorgehen gaben die
Verhandlungen des deutschen Vereins für Armenpflege und Wohlthätigkeit
auf dem Kongresse von 1891, wo ausführlich über die Verbindung zwischen

---

1) Vgl. Blätter für das Hamburgische Armenwesen 1896, S. 7; 1897, S. 17.

2) Ich darf hier hinzufügen, daß die Stelle von mir seiner Zeit, als ich noch
das Hamburger Armenwesen leitete, eingerichtet wurde und daß ich damals an=
gesichts der Erfahrungen, die anderweit gemacht worden waren, mir von vornherein
darüber klar war, daß man nicht sogleich auf eine allseitige Teilnahme würde rechnen
können, daß aber andererseits das, was man an Auskunft erteilt, so zuverlässig und
so schnell gegeben werden müßte, als es mit allen Mitteln der Technik zu erreichen ist.
Dieser Grundauffassung entspricht die Einrichtung des Bureaus, der Formulare und
der Dienstanweisung für die Geschäfte der Auskunftsstelle. Vergl. hierzu meinen
Aufsatz: Die Verbindung der Veranstaltungen für Armenpflege und Wohlthätigkeit.
1. Die Auskunftsstelle für Wohlthätigkeit in Hamburg. Blätter für soziale Praxis.
1895. S. 1021.

öffentlicher und privater Armenpflege verhandelt wurde¹). So hat Berlin eine amtliche Stelle für Auskunftserteilung über öffentlich Unterstützte eingerichtet, ebenfalls Charlottenburg, Potsdam, Naumburg, Darmstadt, Halberstadt, Straßburg i. E., Kolmar, Worms, Görlitz u. a. m. In Chemnitz hat der Verein für Rat und That mit Unterstützung der öffentlichen Armenverwaltung die Auskunftserteilung in die Hand genommen. In Gotha hat die Armenverwaltung mit dem Frauenverein eine Vereinbarung über wechselseitige Bekanntgabe der Unterstützungen geschlossen. Für Graz und Wien ist die Einrichtung ähnlicher Stellen geplant. In den Satzungen einiger dieser Auskunftsstellen wird ausdrücklich die diskrete Behandlung verschämter Armen betont, über die beispielsweise in Kolmar Auskunft nicht erteilt werden soll. Diese zweckmäßige Maßregel ist jedenfalls nötig, wenn das Vertrauen der Privatwohlthätigkeit erworben und erhalten werden soll. Es kann sehr leicht durch einen Vermerk kenntlich gemacht werden, daß nicht gewünscht wird, von einer mitgeteilten Unterstützung anderen Anfragenden Kenntnis zu geben; häufen sich dann aber die Meldungen über gewährte Unterstützungen, so wird die Auskunftsstelle sehr wohl den betreffenden Verein aufmerksam machen können, daß allem Anschein nach es sich nicht um einen verschämten Armen handle, dieser vielmehr sehr wohl die Privatwohlthätigkeit zu benutzen wisse, da schon so und so viel Meldungen über Unterstützungen vorlägen; das wird dann Anlaß geben können, die Angelegenheit nochmals zu prüfen und dann festzustellen, daß in diesem Falle die Zurückhaltung aufgegeben werden kann. Ueberhaupt muß, wie ich wiederholt hervorhebe, mit der Benutzung der Auskunftsstelle die eigentliche Pflegethätigkeit Hand in Hand gehen.

Gedruckte Verzeichnisse öffentlich unterstützter Personen dienen gleichfalls der Bekanntgabe dieses Teils der Bedürftigen; solche Listen kommen vor in Frankfurt a. M., Karlsruhe, Nürnberg, Stuttgart, Heidelberg und dem kleinen Orte Ravensberg, soweit ich habe feststellen können. Im Ganzen erfreut sich diese Einrichtung keiner Beliebtheit und verdient sie im Grunde auch nicht. Es hat keinen Zweck, durch solche Listen die Namen der Unterstützungsempfänger der allgemeinen öffentlichen Kenntnis preiszugeben. Eine gut eingerichtete Auskunftsstelle, die von Fall zu Fall über eine Person Auskunft giebt, erfüllt denselben Zweck und erspart den Betroffenen die häufig unverdiente Beschämung, daß ihr Name in diesen Listen erscheinen muß.

Einen eigenartigen Versuch der Zentralisation, der dem Typus der

---

1) Vgl. Schriften des Vereins. Heft 14. Bericht von Münsterberg. S. 41 ff. und dazu Verhandlungen in Heft 15, S. 80 ff.

Auskunftsstelle entspricht, machen gegenwärtig in Berlin — abgesehen von der Auskunftsstelle der Armenverwaltung und der zugleich noch zu nennenden Auskunftsstelle der Gesellschaft für ethische Kultur — die Privatvereine der einzelnen Stadtbezirke. In der Erkenntnis, daß wirksame Fürsorge nur in kleinen Bezirken möglich sei, treten seit einigen Monaten in regelmäßigen Konferenzen die Vertreter der verschiedenen privaten Wohlthätigkeitseinrichtungen zusammen, um sich über die in ihrem Bezirk befindlichen Bedürftigen auszusprechen. Jeder Vertreter soll ein Verzeichnis derjenigen Personen zur Sitzung mitbringen, die sich seit der letzten Konferenz bei seinem Verbande gemeldet haben, um ihre Namen in das bei der Bureaustelle der Konferenz zu führende Kartenregister einzutragen und daran, sofern es nötig erscheint, eine Aussprache über die betr. Person zu knüpfen. Der Zweck ist nicht allein Verhütung der Ueberhäufung einzelner Personen, sondern auch Ausdehnung einer auf gemeinsamer Thätigkeit beruhenden Fürsorge; nicht der zufällige Umstand soll entscheiden, ob sich ein Bedürftiger gerade an diesen oder jenen Verein gewendet hat, sondern der Charakter des Vereins und die ihm zur Verfügung stehenden Mittel, so daß etwa ein Verein, in dessen Aufgabe gerade die Fürsorge für eine Person dieser Art liegt, die weitere Fürsorge übernimmt, oder daß zwei zusammenwirken u. dgl. m. Ein durchaus gesunder Gedanke, der freilich über die etwas primitive und noch sehr dürftige Form der Mitteilungen hinausgeführt und seine notwendige Ergänzung in einer Zentralstelle finden muß, die ihrerseits ganz Berlin und die Vororte umfaßt, da sonst sehr leicht ein Hilfesuchender, der in einem Bezirk abgewirtschaftet hat, in einem neuen auftauchen kann, wo man ihn gar nicht kennt und wo er von vorn frisch anfangen kann. Auch daran denkt man bereits in Berlin, ohne daß der Plan jedoch schon greifbare Gestalt angenommen hätte. Im Uebrigen ist der für Berlin sehr bemerkenswerte Umstand zu verzeichnen, daß an diesen Konferenzen bis jetzt Vereine aller Richtungen teilnehmen und namentlich das so häufig trennende konfessionelle Element ganz zurücktritt.

Hier sind auch noch die **Verbände jüdischer Wohlthätigkeitseinrichtungen** in Berlin und Hamburg zu nennen, die beide eine wechselseitige Verständigung durch Einrichtung gemeinschaftlicher Auskunftsstellen anstreben, wie denn überhaupt sich die jüdische Wohlthätigkeit in bemerkenswerter Weise durch das Streben nach größerer Planmäßigkeit auszeichnet. In den Statuten des Hamburger Verbandes heißt es in § 1: „Der Verband bezweckt die Pflege der humanitären Ziele auf Grund einer einheitlichen Auffassung, die gegenseitige Förderung und Unterstützung der dem Verbande angehörigen gemeinnützigen und wohlthätigen Vereine, Stiftungen und Anstalten, den Austausch und die Verallgemeinerung sachlich wichtiger Erfahrungen." In § 2: „Von jedem Eingriff in die Selbständigkeit und Thätigkeit der einzelnen Vereine durch den Verband wird grundsätzlich abgesehen; insbesondere soll kein Verein verpflichtet sein, die Namen der von ihm unterstützten Personen aufzugeben."

b. Oertliche Zentralvereine. Aus einem anderen, mit dem Bedürfnis nach Auskunft sehr nahe verbundenen Wunsche ist die Schaffung von Zentralvereinen hervorgegangen, die an Stelle der einzelnen Privatpersonen die Untersuchung der Verhältnisse des Hülfesuchenden und nötigenfalls die Unterstützung übernehmen. Wenn jemand endlich zu der Einsicht gekommen ist — die freilich ein große Zahl von sog. gutherzigen Menschen nie erlangt — daß er mit Almosen, die ohne jede Kenntnis der Verhältnisse des Hülfesuchenden an der Thür, auf der Straße oder auf Bettelbriefe hin durch die Post gegeben werden, nur Schaden stiftet, und wenn ein solcher entweder nicht Zeit oder nicht Lust hat, selbst in die Prüfung der Verhältnisse einzutreten, so hat er den Wunsch nach einer für ihn arbeitenden Stelle. Dieser so vielfach empfundene Wunsch hat in einer großen Zahl von Städten zur Gründung der sog. Antibettelvereine, der allgemeinen Wohlthätigkeitsvereine u. s. w. geführt; man zahlt diesem Verein einen Beitrag, erhält dafür ein an der Hausthür zu befestigendes Schild, daß man Mitglied des Vereins sei und verweist nun jeden unbekannten Bettler an diesen Verein. Solche Vereine sind z. B. der Verein gegen Verarmung in Berlin, der Verein gegen Armennot und Bettelei in Dresden, der Dortmunder Wohlthätigkeitsverein, der Verein zur Beseitigung der Straßen- und Hausbettelei in Bochum, der Verein zu Rat und That in Chemnitz, der Frankfurter Armenverein, der Verein für freiwillige Armenpflege zu Hannover, der trotz der Kleinstadt sehr rührige und tüchtige Armenunterstützungsverein zu Siegen u. a. m. Man hat wahrnehmen können, daß diese Vereine in der ersten Zeit nach ihrer Begründung in der Regel mehr geleistet haben, als im weiteren Fortgehen; in fast allen Berichten dieser Vereine wird nach einiger Zeit über den Rückgang an Mitgliedern und Beiträgen geklagt, was zum Teil mit der unausrottbaren Gedankenlosigkeit der Bevölkerung in Bezug auf das Almosengeben, meist aber auch mit dem nachlassenden Eifer der Vereinsleitungen zusammenhängt. Immerhin entsprechen derartige Vereinigen einem wirklichen Bedürfnis, so daß nichts übrig bleibt, als sie entweder durch erneute Agitation der Bevölkerung ins Gedächtnis zurückzurufen oder sie in Verbindung mit der Schaffung von Auskunftsstellen neu zu organisieren.

Eine Zwischenstellung zwischen diesen Vereinen und den Auskunftsstellen nehmen Einrichtungen ein, die es sich zur Aufgabe machen, gewissermaßen neben ihrer allgemeinen Thätigkeit als Privatagenten wohlhabender

Leute zu arbeiten, die ihnen abgesehen von allgemeinen Vereinsbeiträgen Summen überweisen, die sie ein für allemal für Unterstützungszwecke bestimmt haben und die sie selbst in richtiger Weise zu verwenden nicht in der Lage sind. Einen bemerkenswerten Versuch dieser Art stellt beispielsweise die Auskunftsstelle der Gesellschaft für ethische Kultur dar; sie geht darauf aus, den Bedürftigen, die sich an sie wenden, mit Rat und That beizustehen, führt über die von ihr behandelten Fälle ein Register, aus dem sie auf Befragen Auskunft erteilt und steht außerdem mit einer Reihe von derartigen Privatwohlthätern in Verbindung, zu deren Organ sie sich macht. In Leipzig ist vor drei Jahren von der Armendiakonie des Vereinshauses eine zentrale Auskunftsvermittlungsstelle begründet worden, die sich gerade diesen Zweig der Liebesarbeit zur Aufgabe macht, indem sie durch berufsmäßig vorgebildete Armenpfleger und -Pflegerinnen die Verhältnisse der Armen sorgfältig untersuchen und den Privatwohlthätern (Herrschaften, wie sie das Statut nicht sehr glücklich bezeichnet) möglichst rasch ausführliche Auskunft mit Vorschlägen erteilen, aber auch auf Wunsch direkt die Gaben den Armen vermitteln will. Mit dieser Arbeit ist eine Registerführung verbunden, aus der auf Wunsch Auskunft erteilt wird. Die Armendiakonie steht in enger Beziehung zur öffentlichen und kirchlichen Armenpflege.

c. **Auskunft über Wohlthätigkeitseinrichtungen.** Eine notwendige Ergänzung von Nachrichten über die einzelnen Unterstützten bilden Nachrichten über die Wohlthätgkeitseinrichtungen, die zu ihrer Hülfe bestehen; sie gehören zu den wesentlichsten Mitteln, um die Wohlthätigkeit zu beleben und die verschiedensten Richtungen der öffentlichen und Privatwohlthätigkeit mit einander in Verbindung zu setzen. Ihr Hauptzweck ist, denjenigen, welche Hülfe suchen und denen, die Wohlthätigkeit zu üben wünschen, nachzuweisen, welche Mittel und Einrichtungen dafür vorhanden sind und an wen sie sich wenden müssen, um dazu zu gelangen. Die Mehrzahl der Einwohner einer großen Stadt hat eine unbestimmte Vorstellung davon, daß es eine öffentliche Armenpflege giebt; aber sie weiß nicht, wer sie übt, durch welche Organe und wem sie gelten soll; planlose Wohlthätigkeit wird in erster Linie mit dadurch verschuldet, daß der Gebende glaubt, wenn er nicht selbst sogleich zugreife, um einen Bettelnden zu helfen, daß dieser verhungern müsse, was selbstverständlich bei nur einigermaßen geordneter öffentlicher Armenpflege völlig ausgeschlossen ist. Leute, die geneigt sind, Privatmittel zur Verfügung zu stellen, wissen nicht, daß es Vereine giebt, die sich gerade das von ihnen ins Auge gefaßten Wohlthätigkeitsgebietes annehmen. Noch weniger sind die einzelnen Einrichtungen für bestimmte Arten von Bedürftigkeit, körperliche Gebrechen, wie Blindheit, Taubstummheit u. dergl. bekannt. Eine Aufklärung hierüber in geordneter Weise ist also nicht nur wünschenswert, sondern notwendig, ganz abgesehen davon, daß auch hier die Gesichtspunkte Beachtung verdienen, die bei Besprechung des Charitasverbandes und des steiermärkischen Verbandes hervorgehoben wurden.

Es handelt sich also darum, so schnell und so zuverlässig an einer bestimmten Stelle finden zu können, was an Einrichtungen vorhanden ist und welche näheren Bedingungen für die Benutzung zu erfüllen sind. Das kann geschehen durch Auskunftserteilung von Fall zu Fall, in dem man sich an die öffentliche Armenverwaltung wendet, bei der man die Kenntnis aller Einrichtungen, allerdings häufig mit Unrecht, voraussetzt, oder indem man sich an Privatpersonen wendet, die mit diesen Dingen vertraut sind. Das ist aber, wie ohne weiteres einleuchtet, in größeren Verhältnissen Verschwendung von Zeit und Mühe und stellt ein sicheres Ergebnis durchaus nicht immer in Aussicht. Das von selbst sich aufdrängende Auskunftsmittel bildet das **gedruckte Verzeichnis der Wohlthätigkeitseinrichtungen.** Solche Verzeichnisse sind thatsächlich in der Mehrzahl der größeren Städte vorhanden, meist aber nur in den städtischen Verwaltungsberichten, wo sie der öffentlichen Aufmerksamkeit meist entgehen; sie finden sich beispielsweise in den Verwaltungsberichten von Dresden, Halle, Köln, Lübeck, Worms, Freiberg, Bochum, Plauen, Duisburg und etlichen anderen. Zum Teil beschränken sie sich auf die städtischen Stiftungen oder auf Stiftungen im allgemeinen oder auch nur auf Privatvereine; zum Teil sind sie aber ganz vollständig, wie z. B. der Bericht von Dresden die gesamte Privatwohlthätigkeit und deren Ausgaben nachweist. In einigen Städten sind besondere Verzeichnisse der Stiftungen amtlich herausgegeben, wie z. B. in Berlin, Hamburg, Stuttgart, Lübeck. Doch sind diese Verzeichnisse, die nach alphabetischer Ordnung geführt sind, für den praktischen Gebrauch ohne besonderen Wert, weil sie zu wenig individuelle Angaben enthalten und nur ganz allgemein den Stiftungszweck bezeichnen. Auch macht der Mangel systematischer Anordnung die Benutzung schwierig. Systematische Verzeichnisse sind im ganzen selten. Eine sehr sorgfältige Zusammenstellung dieser Art hat Neefe, der Direktor des städtischen statistischen Amts für Breslau herausgegeben[1]. Dort sind geschieden die Einrichtungen für Hülfsbedürftige im allgemeinen, für die Jugend, für die arbeitenden Klassen, für Kranke, für Alte und Invaliden u. s. w. mit Hervorhebung dessen, was öffentliche, kirchliche und Vereinsarmenpflege leisten. Gelegentlich der fünften allgemeinen lutherischen Konferenz hat Lindner ein Buch über die Hamburgischen Wohlthätigkeitseinrichtungen herausgegeben, das in sehr hübscher Anordnung und in mehr erzählendem Tone Nachrichten über Ent-

---

[1] Armen- und Wohlthätigkeitsanstalten in Breslau. Wegweiser für Hilfsbedürftige und deren Berater. Zusammengestellt von Neefe. Breslau 1891. Morgenstern.

stehung und Aufgaben der wichtigsten Wohlthätigkeitseinrichtungen mit konfessionellem Charakter giebt[1]). Ohne diese Beschränkung sind die bremischen Einrichtungen aus Anlaß der Jahresversammlung des deutschen Vereins für Armenpflege und Wohlthätigkeit beschrieben[2]). Auch hier ist die Darstellung, der eine historische Skizze vorangeschickt ist, systematisch, nicht alphabetisch. Ein Musterbuch hat ganz kürzlich der Magistrat der Stadt Posen herausgegeben; in sehr sorgfältiger Anordnung sind dort sämtliche Wohlthätigkeitseinrichtungen vermerkt unter Angabe, welchem speziellen Zwecke sie dienen, wohin man sich wenden muß, um eine Unterstützung dort zu erlangen u. dergl. m. Die Anordnung entspricht den leiblichen Zuständen der Menschen; sie beginnt mit den Einrichtungen für das Kindesalter; dann folgen solche für jugendliche Personen, für Erwachsene, für Kranke, für Alte, für besonders Gebrechliche und endlich für bessernde Fürsorge mit einem Anhange, der die öffentliche Gesundheitspflege und die Volksbibliotheken betrifft. Schließlich ist als die bedeutendste Erscheinung auf diesem Gebiete das von der schon erwähnten Auskunftsstelle der Gesellschaft für ethische Kultur herausgegebene Auskunftsbuch zu nennen[3]). Die ausgesprochene Absicht des Buches ist, denjenigen, welche Wohlthätigkeit üben wollen, einen Anhalt zu geben, wo sie Einrichtungen, die dem Unterstützungszweck angemessen sind, finden können. Das gesamte Material ist systematisch so angeordnet, daß zunächst die Stiftungen und Legate, demnächst die Wohlfahrtseinrichtungen der verschiedenen Konfessionen und endlich die übrigen Einrichtungen zur Darstellung gelangen. Die sämtlichen nachgewiesenen Einrichtungen sind mit Ordnungsnummern versehen, die durch das ganze Werk fortlaufen, ein außerordentlich praktischer Gedanke. Dazu tritt ein überaus sorgfältig gearbeitetes Register, das die sehr schnelle Auffindung der Einzelheiten ermöglicht. Ueberall ist die Einrichtung selbst, ihr Umfang, ihr Zweck und die Verwaltungsstelle angegeben, an welche man sich behufs ihrer Benutzung zu wenden hat. Gegen die systematische Anordnung lassen sich hier und da Einwendungen erheben, die ich an anderer Stelle[4]) näher begründet habe. Sie beeinträchtigen den

---

1) Hamburgs christliche Liebesthätigkeit. Ein Wegweiser durch die Anstalten und Vereine der inneren Mission und die milden Stiftungen in Hamburg. Von Pastor Lindner. Hamburg. Gräbener. 1887.

2) Anstalten und Einrichtungen der Stadt Bremen für Armenpflege und Wohlthätigkeit. Bremen. Guthe. 1885.

3) Die Wohlfahrtseinrichtungen Berlins. Ein Auskunftsbuch. Herausgegeben von der Auskunftsstelle der Gesellschaft für ethische Kultur. Berlin. Karl Heinemann. 1896. — Vgl. dazu meine Besprechung in der Zeitschrift der Zentralstelle für Arbeiterwohlfahrtseinrichtung. 1896. S. 240.

4) Vgl. a. a. O., S. 240.

Wert des ganzen aber nicht und ermöglichen es jetzt dem Berliner Publikum, sich über mehr als 1000 Einrichtungen der Wohlthätigkeit und eines kleinen Teiles der sog. Wohlfahrtspflege schnell und zuverlässig zu unterrichten.

Bisher sind derartige Auskunftsbücher in einer neueren Bedürfnissen entsprechenden Bearbeitung nur im Auslande zu finden gewesen. In erster Linie steht das große Londoner Charities Register and Digest [1]), das seit einiger Zeit jährlich neu ausgegeben wird und die ebenso genannten Auskunftsbücher mehrerer größerer amerikanischer Städte; durch gute Anordnung zeichnet sich namentlich das Register von Boston aus. Auf das von dem Office central herausgegebene Manual des oeuvres komme ich noch weiter unten zurück.

d. Oertliche Zentralstellen im weiteren Sinne. Die planmäßige Verständigung über die Personen der Bedürftigen und über die Einrichtungen für Bedürftige führt naturgemäß zu dem Wunsche, sich überhaupt über ein gemeinschaftliches Arbeiten auf dem Gebiete der Fürsorgethätigkeit zu verständigen.

Dies geschieht in Verbindung mit Auskunftsstellen oder auch ohne diese in loserer Form dadurch, daß die Organe der verschiedenen Einrichtungen der Armenpflege und Wohlthätigkeit gleichzeitig bei mehreren von ihnen beteiligt sind; zum Teil liegt dies einfach daran, daß der Leute, die solchen Aemtern geneigt sind, meist nur wenige sind und die Not dazu treibt, dieselben Personen an verschiedenen Stellen zu verwenden. Zum Teil ist aber auch eine derartige Teilnahme ausdrücklich vorgeschrieben. Ganz allgemein gilt dies z. B. für die Gesetzgebung der süddeutschen Staaten, die ausdrücklich vorschreiben, daß der Ortsgeistliche und der Bezirksarzt dem Armenrat angehören müssen. Auch ohne diese Vorschrift findet in Preußen eine derartige Teilnahme thatsächlich vielfach statt, wie z. B. in Münster mit einer ausgeprägt katholischen Bevölkerung vier katholische Geistliche Mitglieder der Armenverwaltung sind. In Hanau gehören acht Vertreter der konfessionellen

---

1) The Charities Register and Digest. Being a classified register of Charities. Mit Einleitung von C. S. Loch (dem Generalsekretär der Charity organisation). Das Buch ist erhältlich durch das Bureau der Gesellschaft, 15 Buckingham Street. Außerdem erscheint ein jährliches Handbuch: Low's Handbook to the Charities of London, das nicht so vollständig ist und statt systematisch alphabetisch geordnet ist. — Die amerikanischen Auskunftsbücher nennen sich: Directory of charitable and beneficent organisations und sind durch die Bureaus der betreffenden Gesellschaften in New-York, Boston, Baltimore ꝛc. jedenfalls erhältlich. — Uebrigens enthalten auch die jährlich erscheinenden Berichte der Staatsarmenbehörden (State Board) zahlreiche Nachrichten über Privatwohlthätigkeit.

Gemeinden und Stiftungen, in Frankfurt fünf Delegirte der größeren Wohl=
thätigkeitsanstalten dem Armenamt an. Umgekehrt sind satzungsgemäß bei
vielen Stiftungen Abgeordnete der Stadtverwaltung als Aufsichtsorgane
thätig; auch Privatvereine haben ähnliche Bestimmungen, wie z. B. in
Hannover, Dortmund, Breslau u. a., wo thatsächlich der Vorsitzende der
Armenverwaltung auch Vorsitzender des lokalen Wohlthätigkeitsvereins ist.
Sehr häufig ist eine Verbindung zwischen den Frauenvereinen und der öffent=
lichen Armenpflege, so in Elberfeld und Krefeld, wo sich die Bezirkseinteilung
genau der Einteilung der städtischen Bezirke anschließt. In Breslau ist dies
Verhältnis neuerdings ganz besonders sorgfältig geregelt worden.

Weiter gehen die Konferenzen behufs Herbeiführung geregelten
Meinungsaustausches über die Lage der örtlichen Armenpflege und Wohl=
thätigkeit im Allgemeinen und der zu wirksamer Hilfe zu treffenden Maß=
nahmen. Vorbildlich ist hierfür Dresden, wo sich 1882 unter dem Vorsitz
des damaligen Vorsitzenden der städtischen Armenpflege eine große Zahl von
Vertretern der Privatarmenpflege versammelte und Grundzüge über das
Zusammenwirken vereinbarte. Es wird darin als Zweck der Vereinigung
der Kampf gegen den gewohnheitsmäßigen Bettel und auf der anderen Seite
einheitliches Vorgehen zum Zwecke der Abhilfe in allgemeinen Notständen
bezeichnet, auch über die schon erwähnte Auskunftserteilung Bestimmung ge=
troffen. Aus der hierdurch veranlaßten Thätigkeit ist dann von selbst eine
Konferenz behufs Austausch von Erfahrungen und Meinungen über die
Fragen des Armenwesens hervorgegangen, die fortdauernd auf Armenpflege
und Wohlthätigkeit fruchtbringend zurückwirkt. In ganz ähnlicher Weise
hat es nach dem Dresdener Muster Posen versucht. Auch hier sind infolge
einer gemeinschaftlichen Besprechung der verschiedensten Organe öffentlicher
und privater Armenpflege Grundzüge für das Zusammenwirken vereinbart,
deren erster lautet, daß die städtische Armenverwaltung mit denjenigen
Vereinen, Körperschaften, Instituten und Stiftungen, welche sich der Fürsorge
für Arme und Bedürftige in der Stadt Posen widmen, zu einem Verbande
zusammentritt. . Die Organe des Verbandes sind die Generalversammlung
und der ständige Ausschuß. Im Uebrigen sind die Zwecke ähnlich wie in
Dresden bezeichnet. Ganz ähnlich auch in Brandenburg; hier ist der Ver=
band gebildet durch Zusammentritt der Armenverwaltung mit denjenigen
Körperschaften, die sich der offenen Armenpflege widmen, namentlich dem
städtischen und vaterländischen Frauenverein, dem Diakonissenverein und den
kirchlichen Armenvereinen. Die Organe des Verbandes sind die Abteilungs=
vorstände und der Gesamtvorstand. Die Stadt wird in drei Abteilungen
gegliedert, denen entsprechend Vertreter der städtischen und der verschiedenen

Zweige der Privatwohlthätigkeit zugewiesen werden. Auch hier ist die Errichtung einer Auskunftsstelle mit der Errichtung des Verbandes verbunden.

In ganz besonderem Maße zog die Stettiner Vereinsarmenpflege bei ihrer Begründung die öffentliche Aufmerksamkeit auf sich. Die Gründerin, Frau Bürgermeister Sternberg erkannte die Schäden der Zersplitterung und regte die Errichtung eines Zentralverbandes an, in dem die bisherige Vereinsthätigkeit teils aufging, teils sich unter Beibehaltung ihrer sonstigen Selbständigkeit eingliederte. Die Aufgabe des Zentralverbandes ist eine doppelte; er hat seine eigenen Anstalten zu verwalten und bei der von den Bezirksvereinen geübten Armenpflege vermittelnd und fördernd einzuwirken. Die Bezirksvereine, deren im Ganzen 7 gebildet sind, üben im Uebrigen die Armenpflege selbständig aus; ihre Grenzen fallen mit denen der städtischen Armenbezirke und soweit möglich mit denen der Parochie zusammen. Die Vorsteher der städtischen Armenkommissionen und die vorzugsweise in den einzelnen Bezirken thätigen Geistlichen gehören dem Vereinsvorstand fast ausnahmslos an, wodurch eine stetige Fühlung mit der städtischen und kirchlichen Armenpflege und ein einheitliches Zusammenwirken fast aller innerhalb des Bezirks wirksamen Wohlthätigkeitsorgane möglich ist. Die Vorstände, denen die Leitung aller Vereinsangelegenheiten obliegt, treten in der Regel allmonatlich zusammen. Jedem Bezirksverein ist eine Diakonissin zugewiesen, die von weiblichen Mitgliedern des Vereins in der Hausarmenpflege besonders unterstützt wird. In den Berichten der Stettiner Vereinsarmenpflege wird die Wirksamkeit der Organisation hervorgehoben und betont, daß die Abnahme der Bettler zweifellos auf ihre Wirksamkeit zurückzuführen sei. Wo es irgend möglich ist, wird durch Zuweisung von Arbeit statt durch Almosen zu helfen gesucht.

Berichte über mehr oder minder gelungene Versuche solcher Art liegen noch aus zahlreichen Städten vor. So finden in Kassel, das im Uebrigen in der Zuziehung der Frauen zur öffentlichen Armenpflege mit gleichen Rechten und Pflichten wie die männlichen Pfleger voranging, alle 14 Tage Besprechungen der Hauptorgane der Armenpflege mit den wichtigsten Vertretern der Privatwohlthätigkeit statt (Frauenvereine für Armenpflege, vaterländischer Frauenverein, Diakonissen, Armenärzte u. s. w.). In Stuttgart besteht eine sehr enge Verbindung der Armendirektion mit den Organen des lokalen Wohlthätigkeitsvereins; beide nehmen wechselseitig an ihren Sitzungen teil. In Halle wird jährlich eine gemeinschaftliche Sitzung der Armendirektion und der Wohlthätigkeitsanstalten abgehalten.

Eine Art von Verbindung zwischen der öffentlichen und privaten Armenpflege bilden auch die Zuschüsse, die seitens der Stadt oder der städtischen Armenverwaltung vielfach wohlthätigen Vereinen gewährt werden, wogegen dann die Stadt das Recht einer gewissen Aufsicht oder Mitwirkung bei den Beschlüssen erhält. So hat beispielsweise das Hamburger Armenkollegium bei der Gewährung von Zuschüssen für die Speisung von Schulkindern gewisse Bedingungen vorgeschrieben, die in Ansehung der Kinder zu erfüllen sind, die dauernd unterstützten Familien angehören.

e. **Gemeinnützige Vereine.** Es sind in diesem Zusammenhange endlich noch diejenigen Vereinigungen zu nennen, die ein allgemeines Programm der Wohlfahrtspflege aufgestellt haben, in das sie Armenpflege und Wohlthätigkeit mit einbegreifen. Dies ist namentlich der Fall bei den älteren, aus der Zeit der Aufklärungsperiode stammenden Vereinigungen, die in der Regel mit Armenpflege beginnen, um sich nach und nach bei wachsender Ausdehnung und Besserung der öffentlichen Armenpflege auf die eigentliche Wohlfahrtspflege zurückzuziehen. Dahin gehören die Kieler Gesellschaft freiwilliger Armenfreunde, die Hamburger patriotische Gesellschaft, die Gesellschaft zur Beförderung gemeinnütziger Thätigkeit in Lübeck u. a. m. Diese alle sind mehr als 100 Jahre alt. Namentlich die Kieler und Lübecker Gesellschaft sind für unsere Frage von besonderer Bedeutung durch die Art, wie sie die verschiedenen Zwecke der Gemeinnützigkeit und Wohlthätigkeit zu sondern und demnach die Einzelbestrebungen in Fühlung mit einander zu halten verstanden. So haben sie über ein Jahrhundert lang nicht nur anregend und aufklärend auf ihre Mitglieder, auf die Einwohner, die Stadtgemeinde und die wohlthätigen Vereine gewirkt, sondern auch eine große Reihe gemeinnütziger und wohlthätiger Einrichtungen ins Leben gerufen und verwaltet. Zur näheren Erläuterung gehe ich kurz auf die Thätigkeit der Kieler Gesellschaft ein.

Eine zweibändige Festschrift[1]) zur Feier des 100jährigen Bestehens der Gesellschaft herausgegeben, enthält vollständige Nachrichten über die Thätigkeit der Gesellschaft und zeigt die sehr beachtenswerte, gerade für unsere Betrachtung höchst wertvolle Entwickelung, die die Gesellschaft genommen hat. Sie setzte ein als ein eigentlicher Armenverein. In dem Kiel von 1792 — einer Stadt, die damals nur 7000 statt der heutigen 70 000 Einwohner zählte — blühte der Bettel wie an anderen Orten, die Kranken blieben ungepflegt, die Bedürftigen litten bittere Not. Im Anschluß an die bescheidene Thätigkeit des klinischen Instituts machte man die Wahrnehmung, wie viel daran ankäme, den Kranken nach ihrer Genesung die Mittel zum weiteren Leben und zur ordentlichen Ernährung zu gewähren.

---

1) Die Gesellschaft freiw. Armenfreunde in Kiel von 1793—1893. Festschrift zur Feier des 100jährigen Bestehens der Gesellschaft. Von H. Mau. Bd. I. Geschichte der Gesellschaft. Bd. II. Aktenstücke zur Gesch. d. Ges. Kiel. 1893.

Einige Bürger traten daher zusammen, um auf diese Notstände aufmerksam zu machen, die Bürgerschaft zur Beihilfe aufzurufen und begannen mit Niedersetzung einer Abhörungskommission, bei der sich die Armen zu melden hatten, ihre Thätigkeit. Zunächst handelte es sich dabei nur um Armenhilfe im engeren Sinne, an die sich aber sehr bald Sorge für Beschaffung von Arbeitsgelegenheit und Unterricht anschloß. Auf dieser Grundlage erstand dann am 1. Juli 1793 die Gesellschaft, die sich zunächst Gesellschaft freiwilliger Armenfreunde nannte, ein Name, der heute nur noch einen Teil ihrer Thätigkeit bezeichnet. Damals war aber der Name um so mehr gerechtfertigt, als Kiel eine amtliche Armenpflege nicht besaß, so daß die Gesellschaft thatsächlich das einzige Organ der Armenpflege war, ohne jedoch die Befugnisse einer öffentlichen Behörde zu besitzen. Erst 1871 ging die Uebung der öffentlichen Armenpflege auf die Stadt als Ortsarmenverband über. Das gleiche gilt für die Bemühungen auf dem Gebiete des elementaren Unterrichtswesens, das damals auch noch nicht öffentlich war. Ja gerade die Wahrnehmungen davon, wie die Kinder ohne Unterricht und Erziehung aufwuchsen, lenkte die Aufmerksamkeit auf den Zusammenhang dieser Zustände mit denen des Armenwesens, ganz so wie heute nach völliger Durchführung des Elementarunterrichts als eines Zweiges der öffentlichen Thätigkeit von gemeinnütziger Seite der hauswirtschaftliche Unterricht für die Mädchen der ärmeren Volksklassen gefördert wird. Zunächst lagen aber alle diese Dinge im Aufgabenkreise der Gesellschaft, die für jeden Zweig eine besondere Kommission einsetzte und so nach und nach eine Kommission für die eigentliche Armenpflege, für Krankenpflege, für Arbeitsbeschaffung, für Schulwesen, Feuerung, für eine Leih- und Sparkasse bildete, die jede für sich arbeiteten, jedoch in der Ausführungskommission Zusammenschluß und Oberleitung fanden. Hierin bestand der eigentümliche Wert der Einzelarbeit, daß sie nie des Zusammenhanges mit den gesamten der Fürsorge und der Förderung des Volkswohls gewidmeten Bestrebungen entbehrte und in der glänzenden Entwickelung der Leih- und Sparkasse die Mittel fand, um eine Fülle großer Aufgaben zu bewältigen und neue Einrichtungen zu treffen. Hieraus erklärt sich auch, daß die Gesellschaft nie still stand und nie, wie es bei einzelnen Vereinen und Richtungen so häufig sich ereignet, rückständig wurde, sondern sich regelmäßig denjenigen Aufgaben zuwandte, die nach den Bedürfnissen der Stadt und dem Stande der Kenntnis der neueren Entwickelung auf dem Gebiete der Volkswohlfahrt am wichtigsten erschienen. Hatte sie zunächst amtliche und nichtamtliche Zwecke der Armenpflege vermischt, so blieb ihr nach Abgabe der amtlichen Armenpflege und der Fürsorge für den Schulunterricht die Aufgabe, diejenigen Bestrebungen zu fördern, die wir allgemein unter dem Namen der Privatwohlthätigkeit und der Gemeinnützigkeit zusammenfassen. So gehen denn einzelne überflüssig gewordene Kommissionen wieder ein, andere werden neu gebildet; zuweilen bedarf es nur einer Kommission, die zum Studium einer einzelnen Frage vorübergehend eingesetzt wird; meist bleibt eine ständige Kommission zur Ausübung und Förderung des betreffenden Zweiges. Das neueste Verzeichnis der Kommissionen führt die folgenden auf: die Helferkommission, die vorbeugende Armenpflege übt, die Schulkommission, die sich auf die Leitung und Verwaltung der Frauengewerbeschule beschränkt, die Arbeitskommission, die Arbeitsgelegenheit verschaffen will, die Kommission für entlassene Strafgefangene, Kommissionen für die Volksbibliothek, Volksküchen, Ferienkolonien, Warteschulen, hauswirtschaftlichen Unterricht armer Mädchen u. s. w., im ganzen nicht weniger als 23 ständige Kommissionen. Daneben stehen, abgesehen von den Kommissionen für die Geschäftsleitung und allgemeine Verwaltung, zur Zeit sechs vorübergehende Kommissionen, darunter eine, die sich mit der Frage der Hebung des Kunstgewerbes, eine andere, die sich mit der Frage der Arbeiterwohnungen, eine dritte, die sich mit den Fragen der Fürsorge für obdachlose und verwahrloste Mädchen beschäftigen soll. Man entnimmt dem Generalbericht und den Berichten, die die Gesellschaft jedes Jahr über ihre Geschäftsthätigkeit vorlegt, wie von den älteren Kommissionen verschiedene verschwunden, wie andere neu gebildet sind, die neuen, ganz modernen Anregungen ihre Entstehung verdanken. So ist beispielsweise die Kommission für den hauswirtschaftlichen Unterricht auf die Verhandlung des Gegenstandes im Deutschen Verein für Armenpflege und Wohlthätigkeit zurückzuführen. Die Gesellschaft beschickt derartige Kongresse gerade zu dem Zweck, um mit den allgemeinen Bestrebungen auf den verschiedenen Gebieten in dauernder Fühlung zu bleiben.

f. **Ausländische örtliche Zentralvereine.** In noch höherem Maße findet sich das Bestreben nach Zusammenfassung der verschiedenen, Armenpflege und Wohlthätigkeit betreffenden Arbeiten in den ausländischen örtlichen Gesellschaften für Armenpflege und Wohlthätigkeit. Die große Londoner Charity organisation society, die sich die Verbesserung des Looses der Armen zur Aufgabe stellt, nennt als ersten Punkt ihres Programms die Verbreitung gesunder Grundsätze und Ansichten in Bezug auf die Ausübung der Charity, als zweiten die Beförderung des Zusammenwirkens wohlthätiger Institute zum Besten ihrer gemeinsamen Aufgaben, als dritten die Befürwortung von Einrichtungen, die gesunden Grundsätzen entsprechen und für die sich ein Bedürfnis herausgestellt hat, als ferneren die Erörterung praktischer Fragen, die mit den Aufgaben der Gesellschaft zusammenhängen, die Sammlung von Informationen betreffend wohlthätige Einrichtungen und ihre Verbreitung im Publikum und endlich an letzter Stelle die Einziehung von Erkundigungen über bestimmte Personen, Unterdrückung des Bettels, Unterstützung der mit der Liebesthätigkeit im einzelnen Falle betrauten Bezirkspfleger u. s. w. Durch Herausgabe einer monatlich erscheinenden Zeitschrift[1]) und eines außerordentlich umfangreichen Registers sämtlicher Wohlthätigkeitseinrichtungen (The Charities Register and Digest)[2]), sowie durch Jahresberichte und endlich durch zahlreiche kleinere Flugschriften ergänzt sie ihre Thätigkeit und wirkt durch sie auf das Publikum in erziehlicher, belehrender und informierender Weise ein. Aehnliche Organisationen sind zahlreich in anderen Teilen Englands und namentlich auch Amerikas entstanden.

Weitergehende Zwecke verfolgt das Office central des Institutions charitables (Oeuvre libre d'assistance) mit dem Sitz in Paris. Als Ziel und Aufgabe der Einrichtung wird bezeichnet, als Band zwischen den wohlthätigen Einrichtungen des ganzen Landes zu dienen: es soll die Wohlthäter und die Armen, die sich so häufig suchen, ohne sich zu finden, einander nähern, es soll die Beteiligten über die vorhandenen Einrichtungen aufklären, an die Stelle des blinden Almosens die geregelte Hilfe setzen u. s. w. Am Schlusse heißt es: Das Office central steht in wechselseitiger Beziehung und Dienstleistung mit den Wohlthätigkeitseinrichtungen des ganzen Landes. Neben den Kommissionen für Untersuchungen und Arbeitsvermittlung besteht eine Kommission für die Propaganda. In den Jahresberichten werden über die Wirksamkeit des Office Mitteilungen gemacht und unter anderem Beispiele dafür gegeben, wie es gelungen sei, Wohlthätern, die bedeutende Mittel für gute Zwecke verwenden wollten und nicht recht wußten, wohin damit, würdige Zwecke der Verwendung anzugeben. Wegen Unterstützung und besonders wegen Unterbringung von Armen wird auch vielfach auswärtige Korrespondenz gepflogen; wegen der vorhandenen Einrichtungen werden vielfältige Informationen eingezogen mit der Absicht, dem Publikum „ein Verzeichnis des Schatzes der Wohlthätigkeitseinrichtungen zu geben, den Enterbten zu zeigen, was die private Liebesthätigkeit für sie gethan hat, aber auch Lücken nachzuweisen." Das Office steht in Verbindung mit ähnlichen auswärtigen Einrichtungen, namentlich denen in England und Amerika; ihm selbst kommen von auswärts vielfach Anfragen über seine Thätigkeit zu. (Ein Manuel des oeuvres[3]), das von ihm herausgegeben

---

1) The Charity organisation review. London. Longmans, Green & Co. Jetzt im 13. Jahrg.
2) Vgl. oben S. 41, Anm. 1.
3) Manuel des oeuvres. Institutions religieuses et charitables de Paris etc. Paris. Poussielgue frères. 91.

ist, weist die Wohlthätigkeitseinrichtungen von Paris in ziemlicher Vollständigkeit nach und ergänzt sie durch Mitteilungen über Einrichtungen des Departements. In einem Jahresbericht wird über die während des Jahres geschehene Arbeit Rechenschaft gegeben.

Unabhängig von dem Office central ist der Congrès National d'assistance, der im Jahre 1894 aus Anlaß der Ausstellung in Lyon stattfand.

Es wurden im Anschluß an Berichte die verschiedensten Gegenstände der Armenpflege und Liebesthätigkeit in Hauptversammlungen und Sektionssitzungen verhandelt; in den ersteren bildeten Gegenstände der Beratung: das Ges. betr. den Schutz der Kinder im zartesten Alter, das Ges. betr. unentgeltliche ärztliche Hilfe, die Fürsorge für Schwachsinnige, die Organisation der Hospitalpflege, die Anwendung der Schutzgesetze für verwahrloste Kinder. In den vier Sektionen sind sehr zahlreiche, den verschiedensten Fürsorgegebieten angehörige Gegenstände, wie Fürsorge für Blinde, Taubstumme, Asyle für Obdachlose, Krippen, unentgeltliche Abgabe von Milch für Säuglinge, Apothekenbetrieb durch die Hospitäler und Hospize, Lungenheilstätten ꝛc. behandelt worden. Ein Spezialbericht (Bd. II, S. 83) von Abbé Petit erörtert die Beziehungen der öffentlichen Armenpflege und der freien Liebesthätigkeit und der Hilfe, die sie sich wechselseitig leisten können. Die gesammten Verhandlungen sind in 2 Bänden veröffentlicht[1]).

g. Gebäude für die Büreaux der Privatwohlthätigkeit.
Im Zusammenhange dieser Darstellung muß ich, wenigstens kurz, eine bemerkenswerte Einrichtung erwähnen, die in Amerika unter dem Namen „charity building" Eingang gefunden hat. Es handelt sich darum, für die verschiedenen Wohlthätigkeitsvereine ein gemeinschaftliches Gebäude zu errichten, in dem sie ihre Büreaus unterbringen können. Der Zweck ist auch hier, durch eine äußere Vereinigung der Geschäftsräume die Beziehungen der einzelnen Gesellschaften und Vereine zu beleben, und ihnen einen unmittelbaren Austausch zu gestatten. Aber auch den Bedürftigen soll es dadurch erleichtert werden, den Weg zu den ihrem Wohle dienenden Veranstaltungen zu finden, deren Auffindung in einer großen Stadt um so schwieriger ist, als viele Vereine überhaupt keine eigenen Geschäftsräume besitzen, sondern die Geschäfte vielfach in der Privatwohnung des Vorsitzenden oder eines Vorstandsmitgliedes erledigt werden.

In der Begründung, mit der C. Winthrop in Boston die Errichtung eines derartigen Gebäudes empfahl, sagt er unter anderen: „Solch ein gemeinschaftliches und zentrales Hauptquartier für die Verwaltung von Wohl-

---

[1]) Congrès national d'assitance. 2 Bde. Lyon. Waltener & Co. 1894.

thätigkeitseinrichtungen würde die beste Gelegenheit zu wechselseitiger Verständigung und zum Zusammenwirken geben. Die Verwalter würden von einander sehr leicht und ohne Aufschub alle Information erhalten, die in Ansehung eines Unterstützten bei einer der anderen Stellen vorhanden sind, wodurch dem Mißbrauch auf der einen Seite entgegengewirkt, der rechte Gebrauch der Wohlthätigkeit auf der anderen wirksam befördert werden könnte."

„Solch eine Zentralisation" — heißt es dann am Schluß — „der verschiedenen Wohlthätigkeitseinrichtungen müßte mit Naturnotwendigkeit zu einer vollständigen Konsolidation des gesamten Systems der Wohlthätigkeit führen, wie es für Geber und Nehmer und für die verwaltenden Stellen nur erwünscht sein könnte." Im übrigen ist, wie ausdrücklich hervorgehoben werden mag, auch hier nicht an eine Verschmelzung der verschiedenen Einrichtungen gedacht, sondern nur die Möglichkeit besserer Fühlung und Verständigung ins Auge gefaßt.

In diesem Sinne ist zunächst in Boston und später in New-York ein derartiges Gebäude — charity building — unter Beihilfe wohlthätiger Privatpersonen und unter Leitung der charity organisation society errichtet und seinem Zwecke dienstbar gemacht worden. In New-York befinden sich z. B. die Geschäftsräume von mehr als 70 Wohlthätigkeitsvereinen und -gesellschaften in dem Gebäude gegen Zahlung eines mäßigen Mietzinses. Das Gebäude liegt an zwei der belebtesten Straßen und ist sieben Stockwerke hoch; es enthält eine große Zahl von Sitzungszimmern; die Büreaux sind durch Telephon, Aufzüge u. s. w. miteinander verbunden. Eine wohl ausgestattete Bibliothek steht sowohl den einzelnen Vereinen, als auch sonstigen Interessenten zur Verfügung.

V.
Zentralstellen für Arbeiterwohlfahrt.

In den beiden ersten Abschnitten habe ich lediglich von den Bestrebungen auf dem Gebiete der Armenpflege und Wohlthätigkeit gesprochen, die sich praktisch und systematisch deutlich von den Bestrebungen abheben, die wir im weiteren Sinne Wohlfahrtspflege zu nennen pflegen. Handelt es sich bei jenen um Hilfe an Bedürftige, so sind bei diesen Bestrebungen gemeint, die sich das Volkswohl angelegen sein lassen, wichtige hygienische Maßregeln, Einrichtungen für Erziehung und Unterricht fördern, den Sparsinn beleben, für Herbeiführung von Versicherungseinrichtungen und Einrichtungen, das Verhältnis zwischen Arbeitgeber und Arbeitnehmer zu bessern, Sorge tragen kurz alles das herbeiführen wollen, was die ärmeren Volksklassen davor bewahren kann, fremde Hilfe, d. h. Fürsorge im engeren Sinne in Anspruch nehmen zu müssen.

Gleichwohl wird man in diesem Zusammenhange zwei Schöpfungen nicht vorübergehen können, die jede in ihrer Art und zu ihrer Zeit bedeutungsvoll für die Frage geworden sind, welche Aufgaben eine Zentralstelle sich stellen kann und mit welchen Mitteln sie sie auszuführen vermag. Denn für die Führung der Geschäfte selbst macht es natürlich keinen so großen Unterschied, ob es sich um Wohlfahrtspflege oder Armenpflege handelt, weil beide Gebiete das Zusammenwirken vieler Kräfte voraussetzen.

Die beiden Schöpfungen, die in dieser Beziehung hier zu nennen sind, sind der Zentralverein für das Wohl der arbeitenden Klassen und die Zentralstelle für Arbeiter-Wohlfahrtseinrichtungen. Eine kurze Betrachtung ihrer Entstehungsgeschichte und ihrer Thätigkeit ist für unsern Zweck um so nützlicher, als beide Stellen in Verbindung miteinander stehen und sich vielfach berühren, ohne sich völlig zu decken.

Der Zentralverein für das Wohl der arbeitenden Klassen[1]) ist ähnlich

---

[1]) Vgl. Arbeiterfreund. Zeitschrift des Zentralvereins für das Wohl der arbeitenden Klassen. Jahrg. 1863, S. 1 ff.; 1876, S. 85 ff.; 1894, S. 281 ff. und das Generalregister zum Arbeiterfreund über die Publikationen in dem Zeitraum von 1848—1895.

wie eine Reihe der in den ersten Abschnitten besprochenen Verbände begründet im Anschluß an eine allgemeine Ausstellung und zwar die Gewerbe- und Industrie-Ausstellung der deutschen Bundes- und Zollvereinsstaaten zu Berlin im Jahre 1844. Dort entstand der Gedanke, durch Vereinigung aller beteiligten Kreise die als ebenso nützlich als notwendig erkannten Bestrebungen für das sittliche und wirtschaftliche Wohl der arbeitenden Klassen zu fördern. Am 7. Oktober 1844 wurde ein entsprechender Aufruf durch eine Reihe gemeinnützig gesinnter Männer erlassen, an den sich die auch von der Staatsregierung zunächst mit großer Befriedigung begrüßte Gründung des Zentralvereins für das Wohl der arbeitenden Klassen anschloß. Als Zweck des Vereins ist auch heute noch in dem 1872 revidierten Statut angegeben: für die Verbesserung des sittlichen und wirtschaftlichen Zustandes der arbeitenden Klassen im Gebiet des deutschen Reiches anregend und fördernd zu wirken. Der Verein soll als eine Art Zentralstelle thätig sein. Die Gründung von Bezirks- und Lokalvereinen, die in unmittelbarem Verkehr mit den arbeitenden Klassen treten und eine möglichst ausgedehnte Teilnahme und thätige Mitwirkung bei den ihr Wohl betreffenden Einrichtungen herbeiführen, wird als Ergänzung der Organisation betrachtet. Die Lokalvereine sollen ihre Aufgabe thunlichst selbständig lösen, während der Zentralverein, ohne die Selbständigkeit der Lokal- und Provinzialvereine irgendwie zu beeinträchtigen, nach allen Seiten hin anregend und fördernd, den Provinzialvereinen mit Rat und That nach Kräften entgegenkommen will.

Der Verein litt zunächst unter den politischen Verhältnissen, die sich der Förderung der Arbeiterwohlfahrt nach 1848 wenig günstig erwiesen. Als ihm dann 1849 beschieden war, den Präsidenten Lette zum ersten Vorsitzenden zu gewinnen, trat er in eine Periode der Blüte ein. Zwar hat sich die Idee der Verbindung mit anderen Vereinen nur in sehr geringem Maaße verwirklicht, obwohl immerhin durch Gewährung von Vorschüssen an eine Reihe von Wohlfahrtsvereinen (Darlehnskassen-Vereine, Handwerker-Vereine, lokale Vereine zur Förderung des Wohls der arbeitenden Klassen) lokale Zwecke dieser Art gefördert wurden. Das Schwergewicht des Zentralvereins lag immer in der Anregung und Förderung der Vereinszwecke im allgemeinen durch Wort und Schrift, durch Rat und That. Eigene Versammlungen, wie sie die in Abschnitt I genannten Vereine regelmäßig abhalten, hat der Verein nicht abgehalten, ist dagegen mit einer Reihe anderer Wanderversammlungen in naher Verbindung geblieben und hat namentlich auf die Bildung des Kongresses deutscher Volkswirte und später des Vereins für Sozialpolitik einen entscheidenden Einfluß geübt. Dagegen ist seine publizistische Thätigkeit sehr bedeutend. Zunächst erschienen in zwanglosen Heften die Mitteilungen des Zentralvereins für das Wohl der arbeitenden Klassen von

1848 bis 1859, die 1859 in die Zeitschrift des Zentralvereins für das Wohl der arbeitenden Klassen umgewandelt wurden. Nach einer Stockung im Jahre 1862 wurde dann der Zeitschrift der Name „Arbeiterfreund" beigelegt, unter dem sie bis heute erscheint, seit 1872 von Böhmert redigiert. Die 34 abgeschlossenen Jahrgänge von 1863—96 enthalten ein ungeheures Material, das alle Gebiete der Volkswohlfahrt umfaßt, teils in ausführlichen wissenschaftlichen Aufsätzen, teils in Form von Mitteilungen über vorhandene Mustereinrichtungen; ergänzend treten dazu vollständige Litteraturverzeichnisse, Mitteilungen über wichtige Neugründungen auf dem Gebiete der Volkswohlfahrt und eine vollständige Ueberficht der Thätigkeit anderer gemeinnütziger und wohlthätiger Vereine, Kongresse und Versammlungen. Es giebt keine Frage aus dem Gebiete der Volkswohlfahrt und Fürsorgethätigkeit, über die der „Arbeiterfreund" nicht ein mehr oder minder umfassendes Material enthielte, sodaß allein in diesen Veröffentlichungen ein wichtiger Zweck des Vereins in vollem Maße erfüllt ist. Ein vortreffliches, von dem Bibliothekar des sächsischen statistischen Amtes, Schmidt, bearbeitetes Generalregister über die ersten 50 Jahrgänge (einschließlich der Mitteilungen) erleichtert die Benutzung des Materials in hohem Grade. Hierzu tritt ein unter dem Namen „Sozialkorrespondenz" von derselben Stelle herausgegebenes Organ in zwei Ausgaben. Die erste, nur als Manuskript gedruckt, liefert wöchentlich zwei Nummern und ist für Redaktionen bestimmt, die sie mit Nachrichten über wichtige Vorgänge auf dem Gebiete der Volkswohlfahrt informieren will. Die andere, die allgemeine Ausgabe, erscheint wöchentlich, und ist für das größere Publikum bestimmt. Außerdem hat der Verein in früheren Jahren auch eine Reihe Einzelschriften veranlaßt, die namentlich die Fragen des Wohnungswesens, der Arbeitervereinigungen und des Sparkassenwesens behandeln. Doch sind in den letzten 25 Jahren derartige Publikationen nicht mehr erschienen; das Gleiche gilt von öffentlichen Vorträgen über derartige Fragen, deren letzter 1870 gehalten wurde.

Für die geschäftliche Behandlung der Vereinsangelegenheiten wurden 1850: 14 ständige Kommissionen eingesetzt, von denen die für Spar- und Prämienkassen, für Sterbe- und Krankenkassen, für organisatorische Einrichtungen unter den arbeitenden Klassen, Unterrichts- und Bildungswesen, Volksbibliotheken und Volksschriften, für Wohnungsverhältnisse, für innere Kolonisation hervorgehoben werden mögen. Doch haben diese Organe nicht lange Stand gehalten; vielmehr gingen die Kommissionen nach und nach wieder ein und vereinigten sich zur Thätigkeit im Vorstande, der jährlich eine Reihe von Sitzungen abhielt. Dennoch sind namentlich in der ersten Hälfte seiner Wirksamkeit von dem Zentralverein für das Wohl der arbeitenden Klassen außerordentlich bedeutende Anregungen ausgegangen, die an anderer Stelle zu bleibenden Organisationen geführt haben; vor allem sind die von Präsident Lette angeregten Bestrebungen auf dem Gebiete der Frauenbildung zu nennen, denen der bekannte Letteverein seine Entstehung verdankt; auch die gemeinnützige Bauthätigkeit beförderte der Verein zum Teil durch Leistung von Vorschüssen. Im großen und ganzen wird man aber sagen müssen, daß der Verein unmittelbar praktisch und fördernd hauptsächlich während derjenigen Zeit wirkte, in der der sozialpolitische Gedanke überhaupt erst von einem kleinen Kreise begriffen wurde, während in der zweiten Hälfte seines Bestehens, als namentlich in Folge der sozialpolitischen Gesetzgebung des Reichs die Frage viel allgemeiner behandelt wurde, seine Thätigkeit mehr zurücktrat und sich auf die eben erwähnten litterarischen Arbeiten beschränkte.

Die Leitung des Vereins selbst ist sich darüber völlig im Klaren, daß die unmittelbare Wirksamkeit heute nicht mehr voll den Anforderungen der Satzungen entspricht und hat sich ganz neuerdings bemüht, die praktische Thätigkeit in höherem Maße durch Aufstellung eines Programmes zu beleben, dessen Ausführung freilich noch nicht ganz sichergestellt ist. In seinen diesbezüglichen, von einer Kommission vorbereiteten Beschlüssen[1]) heißt es: „Der Zentralverein für das Wohl der arbeitenden Klassen bedarf einer Erneuerung lediglich nach der Richtung hin, daß er neben seiner litterarischen Thätigkeit in lebendigere Beziehungen zu denjenigen praktisch-gemeinnützigen Unternehmungen auf sozialem Gebiete tritt, deren geistige Urheberschaft zu einem großen Teile auf die jahrzehntelange Arbeit in Wort und Schrift seiner Mitglieder im Vorstand und im Ausschuß zurückzuführen ist. Gemeinnützige Unternehmungen selbst auszuführen ist nicht Aufgabe des Zentralvereins, wohl aber die Anregung und praktische Förderung bestimmter großer sozialer Aufgaben, wobei besonderer Wert darauf zu legen, daß auch aus den Arbeiterkreisen Kräfte an der Gründung und Verwaltung praktischer Einrichtungen beteiligt werden". Als solche soziale Aufgaben werden dann bezeichnet: die Förderung der Bestrebungen für Schaffung guter Wohnungen, Förderung des Unterrichts in der Haushaltung und Gesundheitspflege, der Bestrebungen für Veredelung des Bildungs- und Erholungsbedürfnisses (Volksunterhaltungen, Volksheime u. s. w.) und endlich — was für die Zwecke unserer Besprechung am meisten interessiert — das Zusammenwirken solcher Vereine und Gesellschaften, die diese und verwandte Ziele bereits verfolgen, um eine Zersplitterung der materiellen und persönlichen Kräfte zu verhindern, die Verwaltung der einzelnen Vereine und Gesell-

---

1) Vgl. Arbeiterfreund 1895, S. 542 ff.

schaften zu vereinfachen und billiger zu machen, und endlich regelmäßige statistische Mitteilungen über die Resultate der Vereinsthätigkeit zu gewinnen.

Gerade der letzte Punkt führt zu der Betrachtung der Entstehung und Thätigkeit der zweiten zentralen Vereinigung, der Zentralstelle für Arbeiter-Wohlfahrtseinrichtungen[1]). Der gleichfalls der Förderung des Wohles der Arbeiter dienende Verein „Concordia" hatte sich mit der Frage der Errichtung einer Zentralstelle beschäftigt. In seiner 1891 zu Frankfurt a. M. abgehaltenen Versammlung wies der Vorsitzende Kalle darauf hin, „daß die auf die Besserung der Lage der Arbeiter gerichteten Bestrebungen erheblich gefördert werden könnten, wenn eine Zentralstelle bestände, bei der sich diejenigen Arbeitgeber, denen es bei allem guten Willen zumeist an Zeit fehlt, die zu gutem Erfolge von Wohlfahrtseinrichtungen nötigen Vorarbeiten zu machen, Rat holen könnten. Eine solche Stelle hätte vor allem zuverlässige Nachrichten über die im In- und Auslande ausgeführten Unternehmungen von Bedeutung zu sammeln und kritisch zu sichten, so daß sie ein möglichst klares Bild von der Art der Ausführung der betreffenden Anlagen und Maßregeln, von den damit verknüpften Kosten und erzielten Erfolgen gewähren. Da eine derartige Sammlung und Sichtung des vorhandenen und noch zu beschaffenden Materials, sowie ein unter Berücksichtigung lokaler Verhältnisse zu erteilender Rat eine so schwierige, hohe Sachkenntnis erfordernde und kostspielige Arbeit sei, daß die bestehenden Vereine sie nicht zu leisten vermöchten, sei es dankbar zu begrüßen, daß der preußische Handelsminister (damals Freiherr v. Berlepsch) der Errichtung einer solchen Zentralstelle warmes Interesse entgegenbringe, daß mit Bestimmtheit erwartet werden könnte, daß ein auf Unterstützung eines derartigen Schrittes gerichteter Antrag der größeren Vereine die beste Aufnahme finden würde. Mit ihrer Vereinigung zur Schaffung einer Zentralstelle würden die einzelnen Vereine ihre Selbständigkeit in keiner Weise aufgeben, sondern lediglich eine bestimmte Aufgabe gemeinsam gut lösen, während jetzt dieselbe Arbeit mehrmals, stets aber unvollkommen gethan würde."

Abgesehen von der Auffassung einer zentralen Thätigkeit, gegen deren Richtigkeit sich gewiß nichts einwenden läßt, war auch die Angabe von dem Interesse des preußischen Handelsministers richtig, der sich bereit erklärte, sich in einer über den Gegenstand zu veranstaltenden Besprechung mehrerer größerer Vereine durch Abgeordnete vertreten zu lassen; dasselbe geschah von

---

[1]) Vgl. Zeitschrift der Zentralstelle für Arbeiter-Wohlfahrtseinrichtungen. Jahrgang 1892, S. 23; 1893, S. 39; 1894, S. 102; 1895, S. 155; 1896, S. 138; 1897, S. 132, und Arbeiterfreund 1891, S. 133 ff., S. 259, S. 395; 1892, S. 153 und S. 298.

Seiten des Ministers für öffentliche Arbeiten. Doch wurde ausdrücklich hierbei betont, daß die Initiative den Vereinen bleiben müsse, sobaß es sich immer um eine freie Vereinsthätigkeit handeln sollte. Am 5. November 1891 trat dann eine Konferenz zusammen, in der der Zentralverein für das Wohl der arbeitenden Klasse durch zwei, die Concordia durch zwei, der Zentralverein für Verbreitung von Volksbildung, der Verein Arbeiterwohl, der Verband katholischer Industrieller und Arbeiterfreunde, der linksrheinische Verein für Gemeinwohl, der Gesamtverband der evangelischen Arbeitervereine und der Verein anhaltischer Arbeitgeber durch je einen Abgeordneten vertreten waren. Außerdem hatten die ebengenannten Minister drei Vertreter entsandt; ferner wohnte der Versammlung noch der Geheime Regierungsrat Post bei, der auf dem Wege zusammenfassender Arbeit einen sehr bemerkenswerten litterarischen Versuch gemacht hatte und der nachmalig der Geschäftsführer der Zentralstelle für Arbeiter-Wohlfahrtseinrichtungen wurde, deren Begründung man in jener Sitzung beschloß. Die teilnehmenden Vereine verpflichteten sich zur Zahlung nicht unerheblicher Jahresbeiträge; auch wurden von Seiten der Minister Beiträge, wie es scheint, von nicht unbeträchtlicher Höhe zugesichert. Die Thätigkeit der Zentralstelle wurde, unter Vorbehalt künftiger Erweiterung, vorläufig auf folgende Aufgaben beschränkt: 1) Sammlung, Sichtung, Ordnung und Katalogisierung von Beschreibungen, Statuten und Berichten über Einrichtungen, die zum Besten der unbemittelten Volksklassen getroffen sind, 2) Auskunftserteilung auf Anfragen über Arbeiter-Wohlfahrtseinrichtungen zunächst an die beteiligten Vereine und, soweit Zeit und Mittel gestatten, auch an nicht beteiligte.; 3) Mitteilungen über bemerkenswerthe Erscheinungen auf dem Gebiete der Arbeiter-Wohlfahrtseinrichtungen an die Zeitschriften der beteiligten Vereine und andere Blätter, die sich zu diesem Zwecke zur Verfügung stellen. Außerdem sollen im Anschluß an die Thätigkeit der Zentralstellen periodische Konferenzen von Vertretern der beteiligten Vereine über Fragen, welche Arbeiter-Wohlfahrtseinrichtungen betreffen, veranstaltet werden, zu denen auch geeignete Sachverständige herangezogen werden können, die nicht den beteiligten Vereinen angehören. Im übrigen werden die Angelegenheiten der Zentralstelle von einer Delegiertenversammlung, einem Vorstande und einem Geschäftsführer wahrgenommen. Dem Vorstande gehören u. a. auch an zwei von der Staatsregierung ernannte Mitglieder, sofern und solange die Staatsregierung zu den Kosten der Zentralstelle einen Zuschuß gewährt. Außerdem kann die Staatsregierung Kommissare ernennen, die mit beratender Stimme an den Verhandlungen des Vorstandes und der Delegiertenversammlung teilnehmen.

Gegen diese Gestaltung der Zentralstelle war gerade der Zentralverein für das Wohl der arbeitenden Klassen nicht ohne lebhafte Bedenken: er fürchtete Abhängigkeit von der Regierung und Unterschätzung des Wertes freier, aus dem guten Verhältnis von Arbeitgeber und Arbeitnehmer erwachsender Beziehungen. Gleichwohl verschloß er sich dem guten Gedanken des neuen Unternehmens nicht, das in der Gestaltung der Auskunftserteilung und der Veranstaltung von Konferenzen in der That zwei neue Mittel der wechselseitigen Verständigung und Anregung schuf. Namentlich die letztere, wenn sie aus einem ständig fortgeführten Archiv hervorging, statt sich nur auf die Mitteilung durch Zeitschriften zu beschränken, war für dieses Gebiet gewiß neu, während Konferenzen in den zahlreichen Wanderversammlungen gemeinnütziger und wohlthätiger Zentralvereine ihr Vorbild fanden.

Gerade dieser Gedanke der Auskunftserteilung, der so überaus fruchtbar erscheint, mußte sich unwillkürlich dem eben erwähnten Geschäftsführer der Zentralstelle für Arbeiter-Wohlfahrtseinrichtungen, Dr. Post, aufdrängen, der 1889 ein Werk herausgegeben hatte, das damals die Aufmerksamkeit weiter Kreise auf sich zog[1]). Zum ersten Male wurde darin der bemerkenswerte Versuch gemacht, statt lediglich theoretischer Beschreibung und Mitteilung einzelner Einrichtungen in Zeitschriften das Gesamtgebiet in neuer Weise zu bearbeiten, in die Fülle lebendiger Wirklichkeit hinein zu greifen und der Aussprache über die Grundzüge von Wohlfahrtseinrichtungen bestimmter Art praktisch verwertbares Material hinzufügen, wie es in Statuten, Plänen, Grundrissen, statistischen Mitteilungen u. dgl. vorliegt. Das Buch ist lebendig geschrieben und enthält eine große Fülle von thatsächlichem Material betr. die Fürsorge für Kinder und jugendliche Arbeiter. Ein zweiter, mehr als doppelt so starker Band, wurde 1893 von dem inzwischen in das preußische Handelsministerium berufenen Verfasser und dem bekannten Sozialpolitiker Dr. Albrecht herausgegeben. Auch hier wird ein einleitender Text, der etwa den fünften Teil des Raumes beansprucht, begleitet von überaus zahlreichen Musterbeispielen, Besprechungen, Plänen und Rissen u. dgl. Das Material ist gegliedert in die Hauptabschnitte: Arbeit, Lohn, Wohnung, Ernährung, Sparwesen, Unterstützungswesen, Erholung. Das Werk geht direkt darauf aus, Arbeitgeber unmittelbar zur praktischen Arbeit anzuregen und will ihnen sogleich behülflich sein, durch Anführung guter Muster das zu wählen, was für ihre Verhältnisse am besten geeignet ist.

Der Erfolg des Buches zeigt, daß hier einem wirklichen Bedürfnis entsprochen war. Das gerade war es, was der Vorsitzende der Concordia vermißte, die Sammlung von Material zur unmittelbaren praktischen Verwertung

---

1) Post. Musterstätten persönl. Fürsorge von Arbeitgebern für ihre Geschäftsangehörigen. Bd. I. Die Kinder und jugendliche Arbeiter. Berlin. Oppenheim. 1889. Post und Albrecht. Dasselbe. Bd. II. Die erwachsenen Arbeiter. 1893.

und hieran konnte sich zwanglos der Gedanke anknüpfen, diesem Material mehr Dauer und Beständigkeit dadurch zu geben, daß man es nicht nur in einem Buche sammelte, das doch notwendig einmal abgeschlossen werden mußte und vor der Gefahr des Veraltens nicht geschützt war, sondern eine ständige, stets als lebende Quelle fließende Auskunftsstelle errichtete. Wenn daher das Programm der Zentralstelle für Arbeiter-Wohlfahrtseinrichtungen, wie es anfangs geschah, auch nur auf diesen einen Punkt der Materialsammlung und Auskunftserteilung beschränkt blieb, würde es zweifellos von bedeutendsten Nutzen sein können. Gerade hieran haben auch die Behörden ein begreifliches Interesse, wie sie andererseits in der Lage sind, ein solches Unternehmen nicht nur mit Geld, sondern auch durch ihren Einfluß zu fördern und ihm zahlreiche, sonst nicht zugängliche oder wenigstens sehr viel schwieriger zu benutzende Quellen der Information erschließen können.

Die Zentralstelle für Arbeiter-Wohlfahrtseinrichtungen ist übrigens sehr bald über dieses ihr ursprüngliches Programm hinausgegangen.

Was zunächst die Konferenzen betrifft, so sind deren bis jetzt 5 abgehalten worden. Zu den Gegenständen, die bisher verhandelt wurden und durch zum Teil den Wert selbständiger Monographien des Gegenstandes erreichende Berichte vorbereitet wurden, gehören das Sparwesen, die Fürsorge für Kinder und jugendliche Personen, das Krankenkassenwesen, die weibliche Hülfsthätigkeit, der Arbeitsnachweis, die kommunale Wohlfahrtspflege u. a. m. Die Berichte und Verhandlungen sind durch den Buchhandel erhältlich. Weiter giebt die Zentralstelle eine Zeitschrift heraus, die zunächst Wohlfahrtskorrespondenz benannt wurde und nach zwei Jahren den Titel: Zeitschrift der Zentralstelle für Arbeiterwohlfahrtseinrichtungen annahm. Sie blieb zunächst auf den Versand an die Mitglieder beschränkt, wurde dann aber ebenfalls allgemein durch den Buchhandel zugänglich gemacht. Auch beschränkte sie sich im Anfange auf das Gebiet der Arbeiterwohlfahrt im engeren Sinne, erweiterte aber ihr Programm seit 1894 auch auf die Gegenstände der Gewerbe-Hygiene und Unfallverhütung. Sie enthält neben belehrenden Artikeln, Beschreibungen von Musterstätten und litterarische Nachrichten, so daß die Zeitschrift eine lebendige Ergänzung der obenerwähnten Bücher bildet. Um den Bestrebungen der Zentralstelle in anderen Kreisen, so namentlich auch unter den Geistlichen, eine vermehrte Verbreitung zu verschaffen, wurde der Weg beschritten, einzelne geeignete Artikel der Zeitschrift als eine besondere Korrespondenz für Geistliche herauszugeben. Mit Hülfe des Zentralausschusses für innere Mission wurden etwa 1000 Geistliche ermittelt, von denen vorausgesetzt werden konnte, daß sie aus den ins Auge gefaßten Mitteilungen die Anregung zu praktischer Bethätigung schöpfen würden. In ähnlicher Weise sind Sonderabdrücke verschiedener Artikel in anderen beteiligten Kreisen verbreitet worden; endlich wurden kürzere Auszüge aus allgemein interessierenden Aufsätzen und andere Mitteilungen in Form einer Korrespondenz für Zeitungen verbreitet.

In anderer Weise sucht die Zentralstelle unmittelbar Interesse an den Aufgaben der Arbeiterwohlfahrt zu wecken durch Besichtigungsreisen, die sie bisher in die verschiedensten Teile Deutschlands und Oesterreichs unternommen hat, um durch persönlichen Augenschein von dem Besten, was auf diesem Gebiete vorhanden ist, Kenntnis zu nehmen und die äußerst zahlreichen Teilnehmer zur Nacheiferung anzuregen.

Ein Versuch, Mitglieder der Zentralstelle für Arbeiter-Wohlfahrtseinrichtungen an einem von dem Handelsministerium veranstalteten Kursus für Gewerbeaufsichtsbeamte teilnehmen zu lassen, ist vorläufig noch nicht besonders geglückt. Dasselbe gilt von einem Wohlfahrtsmuseum; immerhin ist im Anschluß an eine 1893 veranstaltete Ausstellung eine Sammlung von Modellen, Abbildungen, Plänen, Beschreibungen u. s. w. bewährter Wohlfahrtseinrichtungen angelegt worden, die zunächst im Berliner Hygienischen Institut, dann im Reichsversicherungsamt untergebracht war. Daneben wird von der Zentralstelle auch eine unmittelbar praktische Thätigkeit betrieben, wie die Beteiligung an einem Spar- und Bauverein, die Herbeiführung von guten und billigen Musikaufführungen, die Führung in den Berliner Museen u. dgl. m.

Endlich ist man bestrebt, die Thätigkeit auch über die industriellen Arbeitgeber hinaus zu erweitern. So ist ein besonderer **Ausschuß für Wohlfahrtspflege auf dem Lande** gegründet worden[1], der am 17. Februar 1897 seine erste Hauptversammlung abhielt; eine besondere Zeitschrift „Das Land" soll ihm als Zentralorgan dienen. Neuerlich ist auch beschlossen worden, die Gegenstände der Armenpflege und Wohlthätigkeit in den Bereich der Thätigkeit der Zentralstelle zu ziehen[2].

Man sieht, daß die Zentralstelle mit einer Allseitigkeit arbeitet, die ihren Namen durchaus rechtfertigt. Inwieweit die Erfolge den Bestrebungen entsprechen, läßt sich aus den Berichten der Geschäftsstelle allein nicht ersehen. Immerhin liegen in vielfachen Berichten und Verhandlungen, in der jetzt im fünften Jahrgange erscheinenden Zeitschrift, in den Informationsreisen und endlich in den Auskunftserteilungen positive Ergebnisse vor, deren Bedeutung nicht immer in einzelnen gewogen und gemessen werden kann. Speziell die Auskunftserteilung ist von 50 im Jahre 1892 auf über 400 im

---

1) Vgl. Zeitschr. D. Z. St., 1896, S. 233; 1897, S. 49.
2) Vgl. Z. D. Z. St., 1896, S. 156.

Jahre 1894 gestiegen. In den beiden letzten Jahren sind hierüber bestimmte Zahlenangaben nicht gemacht; doch heißt es in dem Bericht über das Geschäftsjahr 1894/95, daß die Anforderungen, die an die Zentralstelle behufs Erteilung von Auskünften gestellt wurden, eine wesentliche und höchst erfreuliche Zunahme erfahren haben. Namentlich dürfe auf das Wirken der Zentralstelle in erster Linie zurückgeführt werden, daß der Gedanke der Errichtung von Baugenossenschaften in allen Gegenden Deutschlands auf fruchtbaren Boden gefallen ist. Für die folgenden Jahre wird bemerkt, daß die Zentralstelle wegen Erteilung von Auskünften noch in weiterem Umfange als im Vorjahre in Anspruch genommen wurde.

Ein Vergleich der beiden Zentralvereinigungen zeigt, daß die Zentralstelle für Arbeiter-Wohlfahrtseinrichtungen wie es bei jungen Vereinen immer der Fall zu sein pflegt, in ihrer Weise rühriger ist, allerdings auch mit sehr viel bedeutenderen Mitteln arbeiten kann, als der Zentralverein für das Wohl der arbeitenden Klassen, dem die Unterhaltung eines vollständigen Bureaus nicht möglich ist. Was das Verhältnis beider Vereine zu einander betrifft, so ist dies schon dadurch gekennzeichnet, daß der Zentralverein für die Zentralstelle einen jährlichen Beitrag von 2000 Mk. leistet, ohne auf seine eigene Thätigkeit dabei verzichten zu wollen. Die Kommission, die zur Prüfung dieser Frage eingesetzt war, sprach sich vielmehr dahin aus, daß bei dem Umfange des Gebiets der Arbeiterwohlfahrt für zwei Organisationen, selbst wenn sie ganz gleiche Ziele verfolgten, doch ausreichender Stoff zu einer nützlichen Thätigkeit vorhanden sei und daß der Zentralverein seine Aufgabe doch weiter gestellt habe, als die Zentralstelle. Das ist nun allerdings, wie man sieht, nicht der Fall, da die Zentralstelle ihren Aufgabenkreis fortdauernd erweitert und eigentlich keine Frage der Arbeiterwohlfahrt, kein Mittel der praktischen oder theoretischen Förderung von sich weist. Thatsächlich bestehen heute also für gleiche Zwecke zwei namhafte periodische Zeitschriften und mehrere Korrespondenzen, was den Gedanken einer Verschmelzung oder einer durch beiderseitige Uebereinkunft zu treffenden Begrenzung der Arbeitsgebiete nahe legt. Doch ist es nicht Sache der vorliegenden Besprechung, in diese Fragen hier näher einzutreten. Für ihre Zwecke ist gerade die Darstellung der Entwicklung der beiden Stellen, ihr wechselseitiges Verhältnis und die neuerliche Betonung der Auskunftserteilung von besonderer Bedeutung.

VI.
Weitere Entwickelung.

Die in den vorhergehenden Abschnitten versuchte Darstellung der thatsächlichen Verhältnisse legt die Frage nahe, ob das Streben nach Schaffung neuer oder nach Erweiterung bestehender Zentralstellen zu begünstigen sei. Bei der Erörterung dieser Frage braucht über die örtlichen Zentralstellen nichts weiter gesagt zu werden, weil über deren Nützlichkeit, ja Notwendigkeit von keiner Seite ein Zweifel erhoben wird. Bei ihnen kann es sich daher nur um die Frage der besten technischen Einrichtung handeln, wofür die Darstellung in Abschnitt III mannigfache Beispiele bietet. Als geringste Forderung ist in jedem Falle die Einrichtung einer Auskunftsstelle zu bezeichnen, der sich von selbst bei guter Verwaltung ein lebendiger, persönlicher Austausch in Konferenzen und die Schaffung weiterer, die wechselseitige Verständigung ermöglichender oder erleichternder Einrichtungen anschließen wird. Einrichtungen, wie sie Dresden, Stettin und Posen zeigen, werden überall von Nutzen sein.

An die Herstellung eines großen, gemeinschaftlich zu benutzenden Gebäudes nach dem Vorbilde von Boston und New-York werden selbstverständlich nur die größten Städte denken können.

Ganz anders liegt die Frage in Ansehung einer die Grenzen des einzelnen Gemeinwesens überschreitenden, ein ganzes Land oder gar mehrere Länder verbindenden Zentralstelle für Armenpflege und Wohlthätigkeit oder für Fürsorgebestrebungen. Hierbei wird man die Frage der technischen Schwierigkeit, die im übrigen von großer Bedeutung ist, zunächst beiseite setzen dürfen. Es giebt genug Dinge im wirtschaftlichen und sozialen Leben, die allgemein als erstrebenswert bezeichnet werden und die doch schwer oder gar nicht ausführbar sind. Sich über den Wert solcher Dinge klar zu werden, ist dennoch von Interesse, weil dies Gelegenheit bietet Maß und Inhalt des Wünschbaren und des Erreichbaren festzustellen.

Zunächst ist in dieser Beziehung die wichtige Wahrnehmung zu würdigen, daß ein Bedürfnis der Zusammenfassung auch auf dem Gebiete der

Fürsorgebestrebungen sich innerhalb und außerhalb Deutschlands geltend gemacht und zu der Begründung zahlreicher Zentralvereine geführt hat. Der oben erwähnte Generalbericht des Deutschen Vereins für Armenpflege und Wohlthätigkeit zeigt, daß während der ersten 15 Jahre seines Bestehens fast keine Frage aus dem Gebiet der Armenpflege und Wohlthätigkeit unberührt geblieben ist. Trotzdem können die Berichte und Verhandlungen des Vereins nicht erschöpfend sein, da Gegenstände, die vor einiger Zeit verhandelt worden sind, inzwischen durch neues Material, neue Einrichtungen eine Veränderung erfahren haben, weil die Gesetzgebung sich geändert hat oder weil die Meinungen über einen früher nicht geklärten Punkt durch praktische Erfahrungen eine andere Richtung erhalten haben. Selbstverständlich ist es erwünscht, sich fortdauernd auch über solche dem Sachgebiete an und für sich angehörige Gegenstände unterrichten zu können, die nicht oder seit längerer Zeit nicht verhandelt worden sind. Thatsächlich strömt fortdauernd ein reiches, ja überreiches Material, das zum großen Teil ungenutzt verloren geht oder dessen Sammlung, wenn es einmal gebraucht wird, mit sehr großen Mühen verbunden ist. So liegt der Gedanke nahe, dies Material planmäßig zu sammeln und zu verarbeiten und es im gegebenen Falle sowohl einzelnen Interessenten, als auch Berichterstattern von Vereinen, staatlichen Verwaltungen, Armenverwaltungen, Privatvereinen, Stiftungen u. s. w. zur Verfügung zu stellen. Hierbei würde dann gleichzeitig die von dem Charitasverbande, dem steiermärkischen Verband, dem Office central und für ihr Gebiet von der Zentralstelle für Arbeiter-Wohlfahrtseinrichtungen in den Vordergrund gestellte **Auskunftserteilung** von Bedeutung sein. Wer in der Praxis der Armenverwaltung steht, weiß, wie häufig öffentliche Verwaltungen, Privatvereine, Stiftungen, aber auch einzelne Personen irgend eine wohlthätige Einrichtung treffen wollen, ohne recht zu wissen, wie sie es anfangen sollen und nicht wissend, daß über den Gegenstand schon Erfahrungen, Drucksachen, Berichte, Statuten u. dgl. in hinreichender Zahl vorliegen. Es handle sich z. B. um die Errichtung einer Siechenanstalt, um Begründung eines Kinderhorts, um Einrichtung von Heilstätten für Genesende u. s. w. Gehen sie nun an die Aufgabe heran, so müssen sie durch Umfrage bei einzelnen Verwaltungen, Vereinen u. s. w. das nötige Material sich zu verschaffen suchen, wenn sie nicht, wie es auch häufig genug vorkommt, nur aus dem eigenen Kopfe schöpfen. Sie sind aber keineswegs sicher, ob sie gerade an den Stellen, bei denen sie anfragen, das finden werden, was sie suchen, ob sie nicht andere, die gerade auf diesem Gebiete bedeutende Erfahrungen gemacht haben, denen ganz besonders wertvolles Material zu Gebote steht, übergehen. Es leuchtet ein, daß hier eine Zentralsammelstelle von großem Wert sein würde, die die Aufgabe hätte, fortdauernd die Erscheinungen auf diesen Gebieten zu beobachten, das darauf bezügliche Material zu sammeln, auf Anfragen alsbald genaue Auskunft zu erteilen, Fachlitteratur nachzuweisen, auf bestehende Einrichtungen hinzuweisen, Statuten einzusenden und unter Umständen Personen zu nennen, die ein fachmännisches Gutachten abzugeben in der Lage sein würden. Eine solche Einrichtung würde auch den Vorteil haben, daß die vielen Anfragen, mit denen zur Zeit so viele größere Verwaltungen und Vereine belastet werden, sich erheblich vermindern würden.

Selbstverständlich setzt die Errichtung einer Zentralstelle, die sich zunächst nur auf diesen einen Zweck beschränkt, schon eine sehr sorgfältige Organisation voraus. Es müßte nach einem großen Grundplan das Material gesammelt und geordnet werden; die Stelle müßte mit allen wichtigen Vereinigungen, Stiftungen, Verwaltungen u. s. w. in regelmäßiger Verbindung stehen, müßte eine gute und vollständige Bibliothek unterhalten, die Fachzeitschriften dauernd verfolgen, an den wichtigsten Orten Vertrauenspersonen einsetzen u. s. w. Aber es könnte nicht bei der systematischen Sammlung und Einordnung des Materials sein Bewenden behalten. Hinzutreten müßte eine fortdauernde Verarbeitung in der Art, daß das die einzelnen Sachgebiete betreffende Material fortdauernd gesichtet, altes und unbrauchbares ausgeschieden, neues an seiner Stelle aufgenommen würde. Man müßte mit anderen Worten jeden Augenblick in der Lage sein, aus den Sammlungen die wirklich neuesten und sachgemäßesten Einrichtungen nachweisen zu können. Ergänzend würden hinzuzutreten haben Sammlungen von Plänen und Grundrissen für die verschiedenen Typen von Anstalten, Heilstätten u. dgl.

Gesetzt nun, eine solche Auskunftsstelle, wie sie ja auch die mehrerwähnten Verbände — der Charitasverband und der steiermärkische Landesverband — planen, wäre vorhanden, so ergibt sich gewissermaßen von selbst der Wunsch, das Material nicht nur auf Anfrage bekannt zu geben, sondern, wie es das Manuel des oeuvres für das ganze Land und wie es zahlreiche einzelne Gemeinden für den Bezirk ihrer Gemeinden gethan haben, der Oeffentlichkeit ein Handbuch der gesamten Fürsorgebestrebungen in die Hand zu geben. Es wäre gewiß von einem mehr als nur praktischen Interesse, das gesamte Gebiet in seinen mannigfaltigen Gliederungen übersehen zu können. Ein solches Gesamtverzeichnis, nach Sachgebieten geordnet, außerdem auch die Einteilung nach Staaten, Provinzen, Gemeinden und ähnlichen Verwaltungsbezirken berücksichtigend, würde zu wichtigen Schlüssen Anlaß geben, auch für die allgemeine Statistik von bedeutendem Wert sein. Es darf hier an die Veröffentlichungen des bayrischen statistischen Bureaus erinnert werden, das regelmäßig Uebersichten der Stiftungen und der wohlthätigen Vereine bringt. Würde mit solchen Nachweisungen eine Erhebung über das vorhandene Bedürfnis an derartigen Einrichtungen in angemessene Verbindung gesetzt, so würde dies für die Schaffung nützlicher neuer Einrichtungen, für die Erkenntnis überflüssiger älterer Einrichtungen von großer Bedeutung sein. Hieraus würde sich dann von selbst die Aufstellung eines zweiten Programmpunktes ergeben, wie ihn ebenfalls der steierische Landesverband aufstellt: die Anregung von Gründungen für Hülfszwecke, für welche durch die bestehenden Wohlthätigkeitseinrichtungen noch nicht genügend vorgesorgt ist.

Aus dieser Thätigkeit folgt aber eine dritte: die Prüfung der Leistungsfähigkeit vorhandener Einrichtungen. Hier würde die Aufmerksamkeit auf Umstände und Verhältnisse gelenkt werden, die besonderer Beachtung wert sind und hier würde dann die Thätigkeit der Zentralvereine einzusetzen haben, die durch solche Mitteilungen auf bestehende Zustände aufmerksam gemacht würden und dergleichen Punkte zum Gegenstand der Verhandlungen machen könnten.

Weiter würde sich aus solcher Thätigkeit die Anregung zu wissenschaftlicher Arbeit an der Zentralstelle überhaupt in der Richtung auf Untersuchung bestehender Zustände ergeben, verbunden mit dem Bedürfnis, auf weitere Kreise aufklärend und anregend zu wirken. In dieser Beziehung sind die Flugblätter und die kleinen massenhaft ins Publikum gebrachte Denkschriften der Londoner Charity Organisation vorbildlich. Es eröffnet sich hierbei die Perspektive auf eine vertiefte soziologische Arbeit, für die wir nur sehr vereinzelt Ansätze in Deutschland haben und für die Werke, wie Booth: Life and labour of the English people einen Anhalt geben. Nur würde sich bei einer Zentralstelle für Armenpflege und Wohlthätigkeit die Arbeit mehr auf die Zustände der eigentlichen Armen beschränken, beispielsweise die Wohnungs- und Gesundheitsverhältnisse der Unterstützten, die Ursachen der Verarmung zu erforschen suchen.

Hieran schlösse sich als notwendige Ergänzung die Herausgabe einer regelmäßig erscheinenden Fachzeitschrift, wobei die Vereinigung mit einer vorhandenen Zeitschrift durchaus nicht ausgeschlossen wäre.

Es ließe sich wohl denken, daß durch eine derartige ineinander greifende Thätigkeit das Publikum zu größerer Aufmerksamkeit in Angelegenheiten der Fürsorgebestrebungen gewissermaßen erzogen würde. Auf keinem Gebiete herrscht soviel Gedankenlosigkeit, soviel Willkür und Zufall. Man weiß, wie häufig wohlhabende Leute den Wunsch haben, Summen zu wohlthätigen Zwecken herzugeben und sie nun, von der allgemeinen Vorstellung von armen Leuten ausgehend, immer wieder und wieder zu Almosenzwecken bestimmen, während andere Zwecke wichtiger und nützlicher sind. Eine große, vor etwa zehn Jahren errichtete bedeutende Stiftung, in der Almosen von 5—10 Mark an alle möglichen Leute, die man sich zu diesem Zwecke suchen mußte, verzettelt wurden, habe ich zu meinem großen Verdrusse jahrelang verwalten müssen. Hätte der Stifter einen vernünftigen Berater gehabt, so würde der ihm gesagt haben, daß er nichts Unzweckmäßigeres thun könne, als ein großes Kapital, mit dem sich ein Krankenhaus hätte erbauen, eine Heilstätte für Lungenkranke hätte einrichten lassen u. dgl. m. zu kleinen einzelnen Gaben zu bestimmen, die schließlich nicht mehr Wirkung übten, als die öffentliche Armenpflege zu entlasten und viele Arme begehrlich oder wenn sie nicht mehr berücksichtigt werden konnten, neidisch zu machen. Auch unsere Richter und Anwälte, die auf dem Inhalt von Testamenten von bedeutendem Einfluß sind, haben meist nicht die leiseste Ahnung von dem Zusammenhang dieser Dinge und widersprechen zum mindesten nicht, wenn unvernünftige Stiftungen letztwillig verordnet werden. Sie zu belehren dürfte ganz besonders verdienstlich sein. Freilich mußte eine Zentralstelle, die hierin wirklich Einfluß üben wollte, sich in jahrelanger zweckmäßiger Arbeit erst das Vertrauen aller beteiligten Kreise erworben haben. Hierüber hinauszugehen und etwa eine solche Zentralstelle auch zum Sammelpunkt für Geldgaben zu machen, wie dies von einigen Seiten vorgeschlagen ist, scheint mir jedoch unzweckmäßig. Das kann ein einzelner Zentralverein, wie der Vaterländische Frauenverein, dessen wesentliche Aufgabe die praktische Arbeit ist. Ebenso halte ich die Einrichtung einer ein ganzes Land umfassenden Zentralauskunftsstelle über die Personen der einzelnen Bedürftigen — ganz abgesehen von der schon erwähnten ungeheuren praktischen Schwierigkeit — für einen einer solchen Stelle fremden Zweck.

Was die formale Stellung einer solchen Zentralstelle betrifft, so könnte sie in zweierlei Gestalt gedacht werden, einmal als ständiges Organ eines bestimmten Vereins, oder als selbständige Einrichtung — sei es als Verein, als Genossenschaft mit beschränkter Haftung oder dgl. — an der sich die Zentralvereine, die Armenverwaltungen, Stiftungen, Privatvereine und einzelnen Personen mit Beiträgen beteiligen, um sie finanziell zu erhalten. Eine solche Stelle müßte dann ihre gesonderte Verwaltung erhalten, in der die Beteiligten nach Maßgabe ihres sachlichen Interesses und ihrer finanziellen Leistungen vertreten sein würden; auch würde daran gedacht werden können, für die Erteilung von Auskünften eine Gebühr zu erheben, deren Höhe nach dem Umfange der Arbeit, dem Interesse und der Leistungsfähigkeit der anfragenden Stelle von dieser selbst zu bemessen wäre.

Wie bei Besprechung der amerikanischen national conferences erwähnt, besitzen diese für die verschiedenen Fürsorgezweige besondere Kommissionen: sie ersetzen dadurch die in Deutschland bestehenden mannigfachen Zentralvereine mit allgemeinen und Sonderzwecken auf dem Gebiete der Fürsorgebestrebungen. Eine solche Verschmelzung würde sich für Deutschland kaum empfehlen; die Selbständigkeit der verschiedenen Zentralvereine hat ihre große Bedeutung. Die Zahl der Mitarbeiter nimmt durch derartige Verschmelzungen nicht zu, sondern ab. Wohl aber läßt sich denken, daß eine solche Zentralstelle eine Art Mittelpunkt bildet und die bisher mangelnde Fühlung zwischen den einzelnen Zentralvereinen herstellt.

In noch höherem Maße gilt dies von internationalen Verbänden. Es liegt auf dem Gebiet der Fürsorge etwas anders als bei Gegenständen, die ihrer Natur nach international sein müssen, weil sie sich an die geographischen Grenzen nicht kehren können, wie etwa der Weltpostverein, der Kongreß für Demographie, für Erdmessung, für Gegenstände des technischen und exakten Wissens. Neue Erfindungen des einen Landes können von dem anderen nicht ohne sehr fühlbaren wirtschaftlichen Schaden ignoriert werden. Dagegen sind die Gegenstände der Fürsorge sehr abhängig von dem nationalen Wirtschaftsleben, von der nationalen Gesetzgebung, von Sitten und Gewohnheiten. Nichtsdestoweniger hätte auch eine deutsche Zentralstelle jedenfalls auch die Bestrebungen des Auslandes dauernd zu verfolgen, mit Vertretern der ausländischen Fürsorgethätigkeit in Verbindung zu stehen und die Ergebnisse für deutsches Fürsorgewesen nutzbar zu machen; auch mag der Wert persönlicher Berührung gerade auf diesen eminent friedlichen Arbeits- und Wissensgebieten nicht unterschätzt werden. Aber die Schwierigkeit weiter Reisen, der Verständigung in fremden Sprachen, der Beherrschung eines Materials, das jeden Tag schon in jedem einzelnem Lande an Umfang zunimmt, wird die Thätigkeit internationaler Verbände dieser Art immer sehr fragwürdig machen, wie denn auch thatsächlich die Besucher internationaler Kongresse sich zum allergrößten Teil aus den Angehörigen desjenigen Landes zusammensetzen, in dem der Kongreß tagt. Wenn auf der einen Seite das Bestehen einer Zentralstelle in einem Lande jedenfalls die Voraussetzung des Zusammenwirkens in internationalen Verbänden bildet, so wird man doch den Gedanken einer internationalen Verbindung vorsichtig so lange zurückstellen müssen, bis auf nationalem Gebiet fortdauernd gute Leistungen gesichert sind.

Im übrigen wird die Leistungsfähigkeit einer Zentralstelle von den beteiligten Personenkreisen und den zur Verfügung stehenden Mitteln abhängen. Ihr Anfang wird immer die Sammlung von Material und die Auskunftserteilung sein müssen; zeigt sie sich hierin den an sie zu stellenden Anforderungen gewachsen, so bleibt ihr freilich ein sehr großes Feld weiterer Bethätigung, wie es in den obigen Ausführungen anzudeuten versucht wurde. Daß weitergehende Belehrung und Aufklärung auf diesen Gebieten als sehr wünschenswert, ja wohl als notwendig zu bezeichnen sind, wird von keinem Sachkundigen in Zweifel gestellt.

Ein wohl durchdachtes, praktisch durchführbar erscheinendes Programm bieten die in dem ersten Abschnitt näher behandelten Verbände, namentlich der steiermärkische Landesverband. Auch die Zentralstelle für Arbeiter-Wohlfahrtseinrichtungen, deren Ziele bei III näher dargelegt wurden, kann in vielen Beziehungen als vorbildlich gelten; so groß oder so gering ihr Umfang zur Zeit noch sein mag, schon jetzt giebt sie allen, die sie benutzen wollen, das, was der Einzelne sich mühsam zusammen suchen muß und kaum jemals in dieser Vollständigkeit überhaupt zusammen bringen kann; aber sie ist mit mannigfachen Anregungen hierüber hinausgegangen und hat belebend auf die sozialpolitische Thätigkeit nach vielen Richtungen gewirkt. Die Absicht, das Arbeitsgebiet auch auf die Fragen der Armenpflege und Wohlthätigkeit auszudehnen, ist allerdings nicht ganz ohne Bedenken. Die Einrichtungen der Arbeiterwohlfahrt, bei denen eine Beteiligung der Arbeiter einen der wesentlichsten Faktoren bildet, unterscheiden sich grundlegend von den Veranstaltungen der Armenpflege und Wohlthätigkeit, die unter allen Umständen fremde Hilfe ist, auf die ein Anspruch nicht erhoben werden kann. Diese Hilfsthätigkeit muß sich stets vor Augen halten, daß jene Bestrebungen der Selbsthilfe bei weitem wichtiger sind, daß Versicherung gegen Alter und Unfall, Ausdehnung der Unfallverhütung, Schaffung besserer Wohnungen u. s. w., eben dazu dienen sollen, Armenpflege und Wohlthätigkeit überflüssig zu machen. Vor allem muß dem Arbeiter selbst durchaus das Gefühl sern gehalten werden, daß es sich bei den Wohlfahrtseinrichtungen um eine Wohlthat handelt, die der Arbeitgeber ihm erweist und nicht um eine Maßregel, die ihn der Wohlthat überheben soll.

Auch die Berichte des Zentralvereins für das Wohl der arbeitenden Klassen betonen wiederholt, daß die Verhältnisse der Armenpflege und Wohlthätigkeit ihn nur in gewissen Grenzpositionen berührten. „Der Verein" — heißt es in dem Bericht von 1876—1893 — „hat es nicht mit den Bedürftigen (Erwerbsunfähigen), sondern mit den Arbeitern zu thun. Dagegen war der Zentralverein unausgesetzt bestrebt, durch innere und äußere Hebung des Arbeiterstandes, sowie durch eine Reihe vorbeugender Mittel die Quellen der Armut verstopfen." Eine selbständige Ausgestaltung beider Richtungen wird daher den Vorzug vor einer Verschmelzung beider Aufgabengebiete verdienen; zum mindesten würde sich die Sonderung in zwei völlig getrennte und von einander unabhängige Abteilungen empfehlen. Wie der Zentralverein für das Wohl der arbeitenden Klassen Aufgaben verfolgt, die von denen des Vereins für Armenpflege und Wohlthätigkeit spezifisch verschieden sind, wie das Musée social nichts mit dem Office central, die

Fabian society nichts mit der Charity organisation society zu thun hat, so sollte sich auch eine Zentralstelle für Armenpflege und Wohlthätigkeit deutlich von einer solchen für Arbeiterwohlfahrt abheben. Für absehbare Zeit wird auch die erstere nicht überflüssig sein, obwohl kein wahrer Freund der Armen besseres wünschen kann, als daß Wohlthätigkeit als eine nur in freiwilliger Barmherzigkeit begründete Hilfe mehr und mehr durch Maßregeln der Selbsthilfe ersetzt werde[1]). Im übrigen bin ich der Meinung, daß Zentralstellen dieser Art ihre Daseinsberechtigung so gut in sich tragen, als die Zentralstellen, in denen über Vergangenes Auskunft gegeben wird. Wenn für die Denkmäler vergangener Menschheitsepochen Raum und Mittel in verschwenderischer Pracht zur Verfügung gestellt werden, sollte dem Mitlebenden das gleiche Recht gegönnt sein, um ihm mit allen Mitteln das zu zeigen, womit den leidenden und noch lebenden Menschen geholfen werden kann.

---

1) Vgl. meinen Aufsatz: Eine Zentralstelle für Wohlthätigkeit und Gemeinnützigkeit in der Zeitschrift der Zentralstelle für Arb.-Wohlf. 1894. S. 93.